MARCHA CRIANÇA

2º ANO
ENSINO FUNDAMENTAL

LÍNGUA ESPANHOLA

Mirtha Daisy Debia Bustos

Natural do Uruguai, é bacharela licenciada em Letras – Português e Espanhol. É também bacharela em Literatura Espanhola, Portuguesa e Hispano-americana. Em 2004, concluiu o Curso de Especialização e Extensão em Fonética, Fonologia e Morfologia pela Pontifícia Universidade Católica de São Paulo (PUC-SP). É professora de Língua Espanhola desde 1995. Atualmente leciona na Escola Santa Marina, em São Paulo (SP).

Tânia Moraes Gaspar

É bacharela e licenciada em Língua Portuguesa e Língua Inglesa, com curso de complementação pedagógica pelo Instituto Metodista de Ensino Superior. Fez estágio de observação em salas de aula com crianças de 4 a 10 anos em Londres, na Tassis School. Nessa mesma cidade, cursou a Saint George School.

editora scipione

editora scipione

Presidência: Mario Ghio Júnior
Direção editorial: Lidiane Vivaldini Olo
Gerência editorial: Viviane Carpegiani
Gestão de área: Tatiany Renó
Edição: Marina S. Lupinetti (coord.), Caroline Zanelli e Marina Caldeira Antunes (assist.)
Planejamento e controle de produção: Flávio Matuguma, Juliana Batista, Felipe Nogueira e Juliana Gonçalves
Revisão: Kátia Scaff Marques (coord.), Brenda T. M. Morais, Claudia Virgilio, Daniela Lima, Malvina Tomáz e Ricardo Miyake
Arte: André Gomes Vitale (ger.), Catherine Saori Ishihara (coord.) e Claudemir Camargo Barbosa (edição de arte)
Diagramação: Essencial Design
Iconografia e tratamento de imagem: Denise Kremer e Claudia Bertolazzi (coord.), Fernanda Gomes (pesquisa iconográfica) e Fernanda Crevin (tratamento de imagens)
Licenciamento de conteúdos de terceiros: Roberta Bento (ger.), Jenis Oh (coord.), Liliane Rodrigues, Flávia Zambon e Raísa Maris Reina (analistas de licenciamento)
Ilustrações: Paula Kranz (Aberturas de unidade), Ilustra Cartoon e José Rodrigues
Design: Erik Taketa (coord.) e Gustavo Vanini (proj. gráfico e capa)
Ilustração de capa: Estúdio Luminos

Avenida Paulista, 901, 6º andar – Bela Vista
São Paulo – SP – CEP 01310-200
http://www.somoseducacao.com.br

Dados Internacionais de Catalogação na Publicação (CIP)

Bustos, Mirtha Daisy Debia
Marcha Criança : Língua espanhola : 1º ao 5º ano / Mirtha Daisy Debia Bustos, Tânia Moraes Gaspar. -- 3. ed. -- São Paulo : Scipione, 2020.
(Coleção Marcha Criança ; vol. 1 ao 5)

Bibliografia

1. Língua espanhola (Ensino fundamental) - Anos iniciais I. Título II. Gaspar, Tânia Moraes III. Série

CDD 372.6

20-1103

Angélica Ilacqua - Bibliotecária - CRB-8/7057

2024
Código da obra CL 745870
CAE 721116 (AL) / 721115 (PR)
ISBN 9788547402754 (AL)
ISBN 9788547402761 (PR)
3ª edição
8ª impressão

Impressão e acabamento: Vox Gráfica / OP: 247475

Uma publicação SOMOS EDUCAÇÃO

Bruna Assis/Arquivo da editora

Com ilustrações de **Bruna Assis**, seguem abaixo os créditos das fotos utilizadas nas aberturas de Unidade:

Unidade 1: **Copos:** Yuliyan Velchev /Shutterstock, **Jarra de suco:** Serhiy Shullye/Shutterstock, **Biscoitos:** Martin Gardeazabal/Shutterstock, **Banco de pedra:** Veronica Popova/Shutterstock, **Quadra de basquete:** rickyd/Shutterstock.

Unidade 2: **Janela:** Studio Light and Shade/Shutterstock, **Abelha:** irin-k/Shutterstock, **Casa:** FrankHH/Shutterstock, **Dado:** Leon Rafael/Shutterstock, **Elefante:** Four Oaks/Shutterstock, **Madeira:** JIANG HONGYAN/Shutterstock, **Fogo:** Weerachai Khamfu/Shutterstock, **Galo:** PCHT/Shutterstock, **Relógio:** stockshoppe/Shutterstock, **Cadernos:** AnirutKhattirat/Shutterstock.

Unidade 3: **Camiseta:** Africa Studio/Shutterstock, **Shorts:** Nadia Cruzova/Shutterstock, **Maiô infantil:** iprachenko/Shutterstock, **Snorkel e nadadeira:** Ivonne Wierink/Shutterstock, **Tênis:** Radu Razvan/Shutterstock, **Chapeú e óculos:** ivastasya/Shutterstock, **Camisetas dobradas:** urfin/Shutterstock, **Biquíni:** Phornphan Boonkrachai/Shutterstock, **Maiô adulto:** Africa Studio/Shutterstock, **Casaco:** 101imges/Shutterstock, **Colete:** PicMy/Shutterstock, **Jaqueta:** Vladiri/Shutterstock, **Toca com pompom:** vitaliy_73/Shutterstock, **Bonés:** Pixfiction/Shutterstock, **Calças *jeans*:** tonephoto/Shutterstock **Sapatos:** StepPro/Shutterstock, **Botas:** eClick/Shutterstock.

Unidade 4: **Baú:** Alfa Photostudio/Shutterstock, **Pião:** Luisa E.Guajardo Diaz/Shutterstock, **Bonecas de pano:** Polina Tuliakova/Shutterstock, **Ioiô:** joppo/Shutterstock, **Carrinho:** 2807 PS/Shutterstock, **Patins:** underworld/Shutterstock, **Carrinho de madeira:** Ansis Klucis/Shutterstock, **Vaso com planta:** Jodie Johnson/Shutterstock, **Imagem da TV:** Tero Vesalainen/Shutterstock, **Foto do macaco:** Eric Isselee/Shutterstock, **Foto do leão:** Eric Isselee/Shutterstock, **Foto da zebra:** Svietlieisha Olena/Shutterstock, **Foto do panda:** Eric Isselee/Shutterstock, **Foto do tigre:** apple2499/Shutterstock, **Foto do rinoceronte:** Alla-Berlezova/Shutterstock, **Foto da foca:** Eric Isselee/Shutterstock.

APRESENTAÇÃO

ESTA COLEÇÃO, AGORA REFORMULADA COM INÚMERAS NOVIDADES, FOI ESPECIALMENTE DESENVOLVIDA PENSANDO EM VOCÊ, ALUNO DOS ANOS INICIAIS DO ENSINO FUNDAMENTAL, POIS SABEMOS DE SEUS ANSEIOS, SUAS CURIOSIDADES, SEU DINAMISMO E SUA NECESSIDADE DE DESCOBRIR NOVOS HORIZONTES.

CADA VOLUME VAI AJUDÁ-LO A ADQUIRIR CONHECIMENTOS SOBRE A LÍNGUA ESPANHOLA E A CULTURA DE SEUS FALANTES, ALÉM DE TRAZER PECULIARIDADES E CURIOSIDADES, SEJA DESENHANDO, PINTANDO, BRINCANDO, CANTANDO, ESCUTANDO, ESCREVENDO E FALANDO, SEJA INTERAGINDO COM O VOCABULÁRIO E AS ESTRUTURAS APRESENTADAS DE MODO DIVERTIDO E PRAZEROSO!

PRONTO? ENTÃO PREPARE-SE PARA VIAJAR NESSE UNIVERSO E... BOA MARCHA RUMO AO CONHECIMENTO!

¡BIENVENIDO AL MUNDO HISPÁNICO!

AS AUTORAS

Ilustra Cartoon/Arquivo da editora

ACÉRCATE A TU LIBRO

VEJA A SEGUIR COMO O SEU LIVRO ESTÁ ORGANIZADO.

UNIDAD

SEU LIVRO ESTÁ ORGANIZADO EM QUATRO UNIDADES TEMÁTICAS, COM ABERTURAS EM PÁGINAS DUPLAS. CADA UNIDADE TEM DUAS LIÇÕES.

AS ABERTURAS DE UNIDADE SÃO COMPOSTAS DOS SEGUINTES BOXES:

ENTRA EN ESTA RUEDA

VOCÊ E SEUS COLEGAS TERÃO A OPORTUNIDADE DE CONVERSAR SOBRE A CENA APRESENTADA E A RESPEITO DO QUE JÁ SABEM SOBRE O TEMA DA UNIDADE.

EN ESTA UNIDAD VAMOS A ESTUDIAR...

VOCÊ VAI ENCONTRAR UMA LISTA DOS CONTEÚDOS QUE SERÃO ESTUDADOS NA UNIDADE.

¿CÓMO SE DICE?

ESTA SEÇÃO TEM O PROPÓSITO DE FAZER VOCÊ OBSERVAR E EXPLORAR A CENA DE ABERTURA DA LIÇÃO, INTERAGINDO COM ELA. PERMITE TAMBÉM QUE VOCÊ ENTRE EM CONTATO COM AS ESTRUTURAS E AS PALAVRAS QUE SERÃO TRABALHADAS, ALÉM DE DESENVOLVER SUAS HABILIDADES AUDITIVA E ORAL.

¿CÓMO SE ESCRIBE?

ESTA SEÇÃO TRAZ ATIVIDADES QUE VÃO POSSIBILITAR A VOCÊ TRABALHAR COM A ESCRITA DE PALAVRAS E DE EXPRESSÕES NOVAS.

¡AHORA LO SÉ!

ESTA SEÇÃO PROPÕE DIVERSAS ATIVIDADES QUE VÃO AJUDAR VOCÊ A SISTEMATIZAR OS CONHECIMENTOS ADQUIRIDOS.

GLOSARIO

TRAZ AS PRINCIPAIS PALAVRAS EM ESPANHOL APRESENTADAS AO LONGO DO VOLUME, SEGUIDAS DA TRADUÇÃO PARA O PORTUGUÊS.

¡AHORA A PRACTICAR!

ESTA SEÇÃO PROPÕE ATIVIDADES PARA REFORÇAR O QUE FOI ESTUDADO NA LIÇÃO. VOCÊ VAI COLOCAR EM PRÁTICA O QUE APRENDEU NAS SEÇÕES ANTERIORES.

EL TEMA ES...

ESTA SEÇÃO TRAZ UMA SELEÇÃO DE TEMAS PARA VOCÊ REFLETIR, DISCUTIR E APRENDER MAIS, PODENDO ATUAR NO SEU DIA A DIA COM MAIS CONSCIÊNCIA!

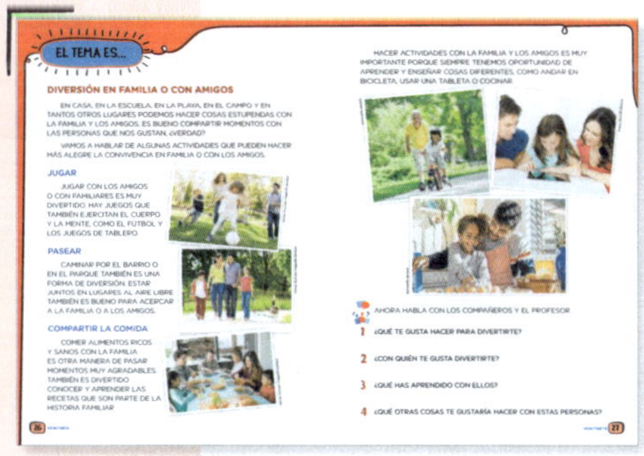

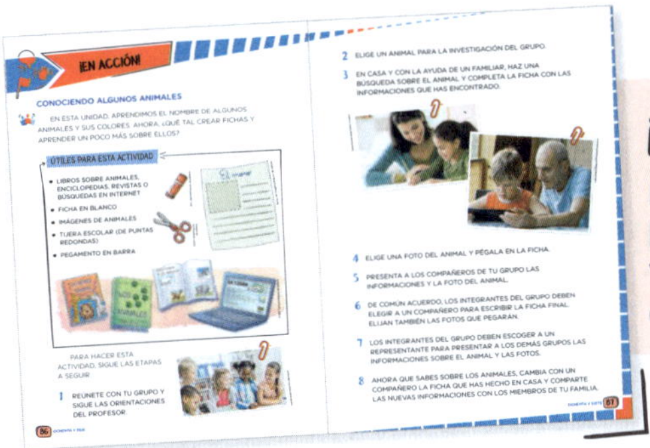

¡EN ACCIÓN!

ESTA SEÇÃO PROPÕE ATIVIDADES PROCEDIMENTAIS, EXPERIÊNCIAS OU VIVÊNCIAS PARA VOCÊ APRENDER NA PRÁTICA O CONTEÚDO ESTUDADO.

MATERIAL COMPLEMENTAR

CUADERNO DE CREATIVIDAD Y ALEGRÍA

CONTÉM ATIVIDADES LÚDICAS EXTRAS E PEÇAS DE RECORTE OU DESTAQUE PARA QUE VOCÊ APRENDA ENQUANTO SE DIVERTE E **ADESIVOS** QUE SERÃO UTILIZADOS AO LONGO DO LIVRO.

LIBRO DE LECTURA

APRESENTA UM CONTO CLÁSSICO REESCRITO EM ESPANHOL PARA QUE VOCÊ SEJA INSERIDO GRADUALMENTE NO MUNDO MARAVILHOSO DA LITERATURA!

REPASO

ESTA SEÇÃO, LOCALIZADA AO FINAL DO LIVRO, TRAZ ATIVIDADES DE REVISÃO PARA CADA UMA DAS LIÇÕES.

ESTES ÍCONES AJUDARÃO VOCÊ A ENTENDER O QUE FAZER EM CADA ATIVIDADE!

- ATIVIDADE EM DUPLA
- ATIVIDADE EM GRUPO
- ATIVIDADE ORAL
- ADESIVOS
- DESENHAR
- CIRCULAR
- COLAR
- NUMERAR
- COLORIR
- LIGAR OS PONTOS
- RELACIONAR
- ÁUDIO

SUMARIO

UNIDAD 1 A MI ALREDEDOR 8

≑LECCIÓN 1≑
MI FAMILIA 10
LOS MIEMBROS DE LA FAMILIA

≑LECCIÓN 2≑
LA ESCUELA 18
LOS ÚTILES ESCOLARES
LOS COLORES

EL TEMA ES... DIVERSIÓN EN FAMILIA O CON AMIGOS 26

UNIDAD 2 ENTRE LETRAS Y NÚMEROS 28

≑LECCIÓN 3≑
EL ALFABETO ESPAÑOL 30
EL ALFABETO ESPAÑOL
LOS SALUDOS

≑LECCIÓN 4≑
LOS NÚMEROS 38
LOS NÚMEROS DE 0 A 10
ESCRITA Y LECTURA RELACIONANDO NÚMEROS Y CANTIDADES

¡EN ACCIÓN! PENSAMOS Y REALIZAMOS 46

Phat1978/Shutterstock

Monkey Business Images/Shutterstock

UNIDAD 3 EL TIEMPO 48

LECCIÓN 5
LAS ESTACIONES DEL AÑO 50
LAS ESTACIONES DEL AÑO
LA INFLUENCIA DE CADA ESTACIÓN EN NUESTRO ENTORNO

LECCIÓN 6
EL VESTUARIO 58
EL VESTUARIO: LAS ROPAS Y LOS CALZADOS
LAS FORMAS DE VESTIR EN CADA ESTACIÓN DEL AÑO

EL TEMA ES... CONSUMIR CON RESPONSABILIDAD 66

UNIDAD 4 ¡ME GUSTA MUCHO! 68

LECCIÓN 7
LOS JUGUETES 70
LOS JUGUETES
LOS ARTÍCULOS DETERMINADOS: EL, LA, LOS, LAS

LECCIÓN 8
LOS ANIMALES 78
LOS ANIMALES
LOS ARTÍCULOS DETERMINADOS: EL, LA, LOS, LAS

¡EN ACCIÓN! CONOCIENDO ALGUNOS ANIMALES 86

REPASO 1: MI FAMILIA 88
REPASO 2: LA ESCUELA 90
REPASO 3: EL ALFABETO ESPAÑOL 92
REPASO 4: LOS NÚMEROS 94
REPASO 5: LAS ESTACIONES DEL AÑO 96
REPASO 6: EL VESTUARIO 98
REPASO 7: LOS JUGUETES 100
REPASO 8: LOS ANIMALES 102
GLOSARIO 104
SUGERENCIAS PARA EL ALUMNO 111
BIBLIOGRAFÍA 112

UNIDAD 1

A MI ALREDEDOR

ENTRA EN ESTA RUEDA

- ¿QUÉ HACEN LAS PERSONAS EN ESTA ESCENA? ¿DÓNDE ELLAS ESTÁN?
- ¿POR QUÉ CREES QUE ESAS PERSONAS ESTÁN REUNIDAS?

EN ESTA UNIDAD VAMOS A ESTUDIAR...

- LOS MIEMBROS DE LA FAMILIA.
- LOS ÚTILES ESCOLARES.
- LOS COLORES.

Bruna Assis/Arquivo da editora

LECCIÓN 1

MI FAMILIA

¿CÓMO SE DICE?

ACTIVIDADES

1 ESCUCHA Y PRACTICA.

LA FAMILIA	LA ABUELA	LA MAMÁ	LA HERMANA
EL ABUELO	EL PAPÁ	EL HERMANO	EL PERRO

2 ¿QUIÉN ES...

A) ... MARINA?

B) ... RAMÓN?

C) ... CARAMELO?

D) ... LAURA?

E) ... PABLO?

F) ... ESTER?

¿CÓMO SE ESCRIBE?

1 ORDENA LAS LETRAS Y DESCUBRE ALGUNOS FAMILIARES DE MANUEL.

A) B E U A O L ....

B) O E H N A M R ....

C) M R E A D ....

Ilustra Cartoon/Arquivo da editora

2 COMPLETA LAS FRASES CON LAS PALABRAS DEL RECUADRO.

MI PADRE	MI ABUELO	MI MADRE	MI ABUELA

Rido/Shutterstock

EL PADRE DE MI PADRE ES

....

Shutterstock/Fotoluminate LLC

EL PADRE DE MI HERMANO ES

....

Rido/Shutterstock

LA HIJA DE MI ABUELA ES

....

Julie Campbell/Shutterstock

LA MADRE DE MI MADRE ES

....

3 MANUEL JUEGA A LAS ESCONDIDAS CON SU FAMILIA EN EL PARQUE. ¡AYÚDALO A ENCONTRAR A CADA UNO DE SUS FAMILIARES!

Ilustra Cartoon/Arquivo da editora

- AHORA ESCRIBE LOS INTEGRANTES DE LA FAMILIA DE MANUEL QUE ENCONTRASTE.

....

....

....

....

¡AHORA LO SÉ!

1 PEGA UNA FOTO DE TU FAMILIA O DIBÚJALA EN EL RECUADRO ABAJO. DESPUÉS, ESCRIBE LOS NOMBRES DE TUS FAMILIARES.

....

....

2 PEGA LOS ADHESIVOS QUE ESTÁN EN EL **CUADERNO DE CREATIVIDAD Y ALEGRÍA** PARA COMPLETAR LA ESCENA.

Ilustra Cartoon/Arquivo da editora

3 ESCUCHA EL AUDIO Y ESCRIBE EL NOMBRE DEL PARENTESCO BAJO LAS IMÁGENES.

3

Blend Images/ Shutterstock

LA ABUELA

Rasstock/Shutterstock

A) ....

Stocklite/Shutterstock

B) ....

Privilege/Shutterstock

EL ABUELO

Rido/Shutterstock

C) ....

sylv1rob1/Shutterstock

D) ....

Andy Dean Photography/ Shutterstock

E) ....

Sunkids/Shutterstock

YO

Brainsil/Shutterstock

F) ....

4 SI ERES BUEN DETECTIVE, ENCONTRARÁS EL MENSAJE SECRETO.

A	C	F	H	I	L	M	O	U

¡AHORA A PRACTICAR!

1 DIBUJA TU MASCOTA PREFERIDA Y PÍNTALA.

- ¡QUÉ BONITA ES TU MASCOTA! ¿CÓMO SE LLAMA?

SE LLAMA ....

¡VAMOS A CANTAR!

LA FAMILIA

4
5

CON MI ABUELITA Y MI ABUELITO
VOY AL PARQUE Y AL CINE.
¡VIVA LA FAMILIA!
¡VIVA LA FAMILIA!
CON MI PAPÁ Y MI MAMÁ
HAGO LAS TAREAS Y LOS TRABAJOS
[DE LA ESCUELA.
¡VIVA LA FAMILIA!
¡VIVA LA FAMILIA!
CON MI HERMANO Y MI HERMANA
JUEGO A LA PELOTA.

MARIANGELA SECCO.

Ilustra Cartoon/Arquivo da editora

2 OBSERVA LA IMAGEN Y SEÑALA EL ☐ CORRESPONDIENTE.

XiXinXing/Shutterstock

- ☐ HERMANA
- ☐ ABUELO
- ☐ MADRE

fizkes/Shutterstock

- ☐ PADRE
- ☐ MADRE
- ☐ ABUELA

sivilla/Shutterstock

- ☐ HERMANO
- ☐ ABUELO
- ☐ HERMANA

InesBazdar/Shutterstock

- ☐ PADRE
- ☐ MADRE
- ☐ HERMANO

cheapbooks/Shutterstock

- ☐ HERMANA
- ☐ HIJAS
- ☐ HERMANOS

LECCIÓN 2

LA ESCUELA

¿CÓMO SE DICE?

6

ACTIVIDAD

- ESCUCHA EL AUDIO Y ESCRIBE LAS LETRAS QUE FALTAN PARA COMPLETAR EL NOMBRE DE LAS IMÁGENES.

7

A

Norenko Andrey/Shutterstock

B

hirenman69/Shutterstock

E			U			

P				T	R	

Ilustra Cartoon/Arquivo da editora

C

RonTech3000/Shutterstock

				T	R	

D

hireman69/Shutterstock

T		J			

¿CÓMO SE ESCRIBE?

1 DESCUBRE A QUÉ SE REFIERE CADA FRASE.

A) ÚTIL ESCOLAR USADO PARA ESCRIBIR: ....

B) TIENE CUATRO LETRAS, EMPIEZA CON LA **G** Y TERMINA CON LA **A**:

....

C) ÚTIL EN EL QUE ESCRIBIMOS LAS TAREAS DE CLASE:

....

D) SIRVE PARA SACAR PUNTA AL LÁPIZ: ....

E) PROFESIÓN DE QUIEN ENSEÑA: ....

F) LUGAR DONDE LOS NIÑOS VAN A APRENDER: ....

G) EN ELLA GUARDAMOS NUESTRO MATERIAL ESCOLAR:

....

H) MUY IMPORTANTE PARA APRENDER, EMPIEZA CON LA **L** Y TERMINA CON LA **O**: ....

2 ¡BINGO!

BINGO

BANCO DE PALABRAS		
PAPELERA	PUPITRE	LIBRO
GOMA	MOCHILA	MAPAMUNDI
SACAPUNTAS	TIZA	BOLÍGRAFO
MAESTRA	CUADERNO	PIZARRA

3 UNE LOS NOMBRES DE LOS ÚTILES ESCOLARES CON SUS COLORES Y ESCRIBE FRASES. SIGUE EL MODELO.

A

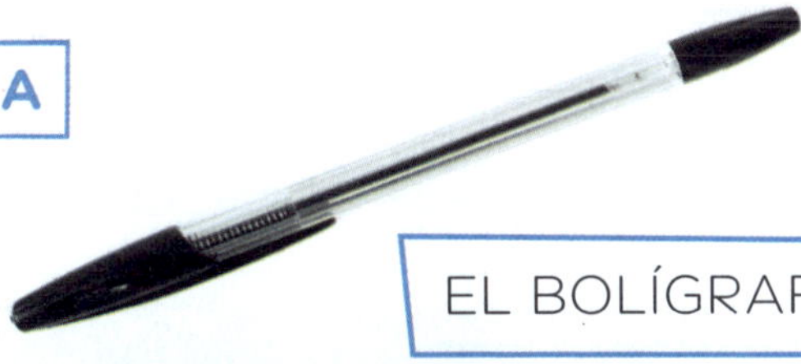

Igor Kovalchuk/ Shutterstock

EL BOLÍGRAFO

B

Hector Sanchez/ Shutterstock

LA PIZARRA

C

Lastbackup/ Shutterstock

LA TIZA

D

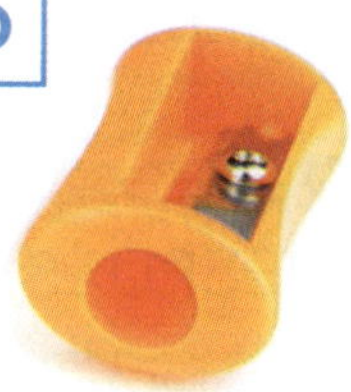

Africa Studio/ Shutterstock

EL SACAPUNTAS

E

Aleksandr Bryliaev/ Shutterstock

EL LÁPIZ

AZUL

VERDE

NARANJA

AMARILLA

NEGRO

A) El bolígrafo es negro.

B) ....

C) ....

D) ....

E) ....

¡AHORA LO SÉ!

1 ESCUCHA Y SEÑALA.

8

A

C

Ilustrações: Ilustra Cartoon/Arquivo da editora

B

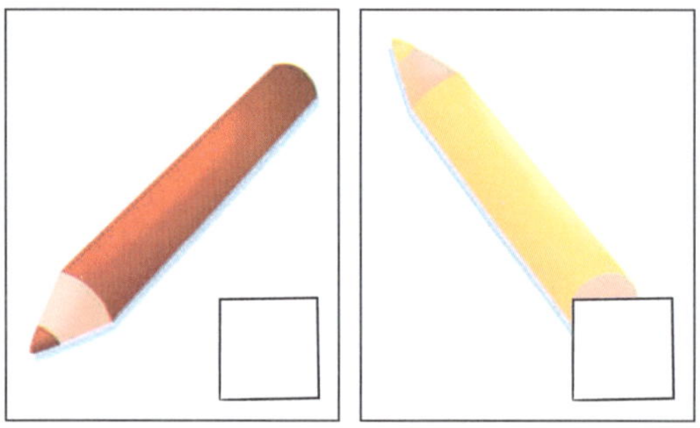

D

2 PEGA LOS ADHESIVOS QUE ESTÁN EN EL **CUADERNO DE CREATIVIDAD Y ALEGRÍA** EN EL ESPACIO CORRETO. DESPUÉS, ESCRIBE LOS NOMBRES DE LOS OBJETOS.

3 UNE LAS FRASES CON LAS IMÁGENES A QUE SE REFIEREN.

ESTE ES UN LIBRO.

ESTOS SON MIS LÁPICES DE COLORES.

ESTA ES MI MAESTRA.

MI ESCUELA ES MUY GRANDE.

¡AHORA A PRACTICAR!

1 PINTA LOS DIBUJOS CON LOS COLORES INDICADOS.

LA PIZARRA	LA GOMA
EL CUADERNO	LA MOCHILA

Ilustra Cartoon/Arquivo da editora

2 VUELVE A LA ACTIVIDAD 2 DE LA PÁGINA 20 Y ENCUENTRA CADA PALABRA EN ESTA SOPA DE LETRAS.

T	I	Z	A	Z	A	R	I	O	P	L	O	T	Y	Ñ	K	N
E	H	Y	E	D	P	I	Z	A	R	R	A	K	É	M	Q	I
M	A	P	A	M	U	N	D	I	N	I	I	O	F	M	P	C
T	T	R	F	G	Ñ	O	C	U	A	D	E	R	N	O	N	L
I	W	B	S	V	M	D	P	O	A	O	V	W	U	C	T	R
B	O	C	A	L	U	R	P	I	L	K	I	U	T	H	Á	A
O	Y	T	C	W	E	A	O	L	Ó	B	Á	P	A	I	O	G
L	S	O	A	Ñ	P	Q	C	A	N	P	T	U	S	L	L	O
Í	E	E	P	N	L	I	B	R	O	T	O	P	A	A	A	M
G	O	O	U	Ó	G	I	C	O	B	V	L	I	H	C	J	A
R	Ñ	B	N	L	V	I	C	X	Ñ	P	T	T	A	Í	A	L
A	L	L	T	O	N	P	A	P	E	L	E	R	A	N	H	P
F	L	E	A	A	N	T	E	W	X	N	Á	E	U	P	E	W
O	V	C	S	S	M	A	E	S	T	R	A	W	J	O	R	R

¡VAMOS A CANTAR!

9
10

LA ESCUELA

CUANDO VOY A LA ESCUELA
ENCUENTRO CON MIS AMIGOS
ESTUDIO CON MI MAESTRA
Y JUEGO EN EL PATIO.

MARIANGELA SECCO.

Ilustra Cartoon/
Arquivo da editora

EL TEMA ES...

DIVERSIÓN EN FAMILIA O CON AMIGOS

EN CASA, EN LA ESCUELA, EN LA PLAYA, EN EL CAMPO Y EN TANTOS OTROS LUGARES PODEMOS HACER COSAS ESTUPENDAS CON LA FAMILIA Y LOS AMIGOS. ES BUENO COMPARTIR MOMENTOS CON LAS PERSONAS QUE NOS GUSTAN, ¿VERDAD?

VAMOS A HABLAR DE ALGUNAS ACTIVIDADES QUE PUEDEN HACER MÁS ALEGRE LA CONVIVENCIA EN FAMILIA O CON LOS AMIGOS.

JUGAR

JUGAR CON LOS AMIGOS O CON FAMILIARES ES MUY DIVERTIDO. HAY JUEGOS QUE TAMBIÉN EJERCITAN EL CUERPO Y LA MENTE, COMO EL FÚTBOL Y LOS JUEGOS DE TABLERO.

Monkey Business Images/Shutterstock

PASEAR

CAMINAR POR EL BARRIO O EN EL PARQUE TAMBIÉN ES UNA FORMA DE DIVERSIÓN. ESTAR JUNTOS EN LUGARES AL AIRE LIBRE TAMBIÉN ES BUENO PARA ACERCAR A LA FAMILIA O A LOS AMIGOS.

Monkey Business Images/Shutterstock

COMPARTIR LA COMIDA

COMER ALIMENTOS RICOS Y SANOS CON LA FAMILIA ES OTRA MANERA DE PASAR MOMENTOS MUY AGRADABLES. TAMBIÉN ES DIVERTIDO CONOCER Y APRENDER LAS RECETAS QUE SON PARTE DE LA HISTORIA FAMILIAR.

Monkey Business Images/Shutterstock

HACER ACTIVIDADES CON LA FAMILIA Y LOS AMIGOS ES MUY IMPORTANTE PORQUE SIEMPRE TENEMOS OPORTUNIDAD DE APRENDER Y ENSEÑAR COSAS DIFERENTES, COMO ANDAR EN BICICLETA, USAR UNA TABLETA O COCINAR.

dotshock/Shutterstock

Andrey_Popov/Shutterstock

billereard/Shutterstock

AHORA HABLA CON LOS COMPAÑEROS Y EL PROFESOR.

1 ¿QUÉ TE GUSTA HACER PARA DIVERTIRTE?

2 ¿CON QUIÉN TE GUSTA DIVERTIRTE?

3 ¿QUÉ HAS APRENDIDO CON ELLOS?

4 ¿QUÉ OTRAS COSAS TE GUSTARÍA HACER CON ESTAS PERSONAS?

UNIDAD 2

ENTRE LETRAS Y NÚMEROS

ENTRA EN ESTA RUEDA

- ¿DÓNDE ESTÁN LOS NIÑOS EN ESTA ESCENA?
- ¿QUÉ CREES QUE ESTÁN HACIENDO?

EN ESTA UNIDAD VAMOS A ESTUDIAR...

- EL ALFABETO ESPAÑOL.
- LOS SALUDOS.
- LOS NÚMEROS DE 0 A 10.
- ESCRITA Y LECTURA RELACIONANDO NÚMEROS Y CANTIDADES.

Bruna Assis/Arquivo da editora

LECCIÓN 3 EL ALFABETO ESPAÑOL

¿CÓMO SE DICE?

11

ACTIVIDAD

- ESCUCHA LA GRABACIÓN Y COMPLETA LAS PALABRAS CON LAS LETRAS QUE FALTAN.

12

A) A ☐ ☐ R ....

B) ☐ O ☐ A ....

C) C ☐ R A ☐ Ó ☐ ....

Ilustra Cartoon/Arquivo da editora

D) ☐ M ☐ ☐ O ....

E) F ☐ ☐ I L ☐ A ....

F) ☐ O ☐ O ....

G) ☐ U ☐ ☐ A S ....

H) ☐ ☐ C ☐ E S ....

¿CÓMO SE ESCRIBE?

1 DESPRENDE LAS LETRAS DEL ALFABETO ESPAÑOL QUE ESTÁN EN EL **CUADERNO DE CREATIVIDAD Y ALEGRÍA** Y UTILIZALAS PARA MONTAR LAS PALABRAS QUE SE TE PIDE. DESPUÉS, ESCRIBE LAS PALABRAS.

A) SALUDOS:

B) COLORES:

C) ANIMALES:

D) PALABRAS CON LA LETRA **Ñ**:

E) TU NOMBRE:

2 OBSERVA LAS IMÁGENES Y COMPLETA EL CRUCIGRAMA CON LAS PALABRAS CORRESPONDIENTES

3 RELACIONA LAS PALABRAS QUE ESTÁN EN LOS RECUADROS DE MISMO COLOR Y FORMA FRASES.

EL	NOMBRE	SOL	JUAN
MI	LÁPIZ	MI	ES
CASA	AMARILLO	ES	ROJO
EL	EN	ES	ESTOY

A) ....

B) ....

C) ....

D) ....

¡AHORA LO SÉ!

1 OBSERVA LA ESCENA Y ESCRIBE EL NOMBRE QUE CORRESPONDE A CADA DIBUJO INDICADO CON LAS FLECHAS.

Ilustra Cartoon/Arquivo da editora

2 ORDENA LAS PALABRAS Y DESCUBRE LAS FRASES.

A) BUENO / ES / ESTUDIAR / LA / PARA / VIDA.

....

B) OCHO / TENGO / AÑOS.

....

C) MAESTRA / LLAMA / MI / SE / CARMEN.

....

D) LA / ES / NIÑA / ESTUDIOSA.

....

3 ESCUCHEN Y PRACTIQUEN.

Duplass/Shutterstock

Phat1978/Shutterstock

Steven Errico/Compassionate Eye Foundation/Getty Images

Vgajic/Getty Images

Olena Yakobchuk/Shutterstock

fizkes/Shutterstock

4 COMPLETA LAS EXPRESIONES CON LAS LETRAS QUE FALTAN.

A) ¡H ___ L ___!

B) ¡ ___ D I ___ S!

C) ¡BU ___ N ___ S D ___ A ___!

D) ¡ ___ UE ___ AS T ___ RD ___ ___!

¡AHORA A PRACTICAR!

1 LEAN EL DIÁLOGO Y PRACTIQUEN EN PAREJAS.

Ilustra Cartoon/Arquivo da editora

- AHORA, RESPONDAN A LAS PREGUNTAS.

A) DELETREEN SUS NOMBRES Y DESPUÉS ESCRÍBANLOS.

....

B) ¿CUÁL ES LA LETRA DEL ALFABETO ESPAÑOL QUE NO EXISTE EN EL ALFABETO PORTUGUÉS?

....

C) ESCRIBAN UNA PALABRA QUE EMPIEZA CON LA LETRA **A**.

....

2 ESCUCHA Y SEÑALA.

14

A

5m3photos/Shutterstock
Alan Bailey/Shutterstock

C

Anson0618/Shutterstock
Ramonki/Shutterstock

B

Shane W Thompson/Shutterstock
Roberaten/Shutterstock

D

Brastock/Shutterstock
Brastock/Shutterstock

¡VAMOS A CANTAR!

15
16

EL ABECEDARIO

A, B, C, D, E, F, G,
H, I, J, K, L, M, N,
O, P, Q, R, S, T,
U, V, W, X, Y, Z,
¡AY! LA Ñ LA OLVIDÉ,
Y LAS OTRAS YA LAS SÉ.

CANCIÓN DE LA CULTURA ORAL.

Ilustra Cartoon/
Arquivo da editora

LECCIÓN 4

LOS NÚMEROS

¿CÓMO SE DICE?

17

ACTIVIDADES

1 ¿CUÁNTAS BURBUJAS DE JABÓN EL NIÑO SOPLA?

EL NIÑO SOPLA .... BURBUJAS DE JABÓN.

Ilustrações: Ilustra Cartoon/Arquivo da editora

2 ¿CUÁNTAS MUÑECAS TIENE LA NIÑA?

LA NIÑA TIENE ....
MUÑECA.

¿CÓMO SE ESCRIBE?

1 ¿CUÁNTOS SON?

A

Africa Studio/ Shutterstock

\+

oksana2010/ Shutterstock

....

B

Butterfly Hunter/ Shutterstock

\+

Vladimirkarp/ Shutterstock

....

C

Super Prin/Shutterstock

\+

clarst5/Shutterstock

....

D

Bbtomas/ Shutterstock

\+

Zbynek1/ Shutterstock

\+

Danita Delmont/Shutterstock

....

2 PEGA LOS ADHESIVOS QUE ESTÁN EN EL **CUADERNO DE CREATIVIDAD Y ALEGRÍA**. OBSERVA CÓMO SE ESCRIBEN LAS PALABRAS Y COPÍALAS.

UN PERRITO

un perrito

SEIS MARIPOSAS

seis mariposas

CUATRO COMETAS

cuatro cometas

TRES NARANJAS

tres naranjas

¡AHORA LO SÉ!

12

1 ¡VAMOS A CONTAR! ¿CUÁNTOS HAY DE CADA UNO?

Ilustra Cartoon/Arquivo da editora

A) HAY .... ADULTOS.

B) HAY .... NIÑOS.

C) HAY .... PECES.

D) HAY .... ÁRBOLES.

E) HAY .... MONOS.

F) HAY .... HOGUERA.

G) HAY .... PÁJAROS.

2 ESCRIBE LOS NÚMEROS CON PALABRAS Y COMPLETA EL CRUCIGRAMA.

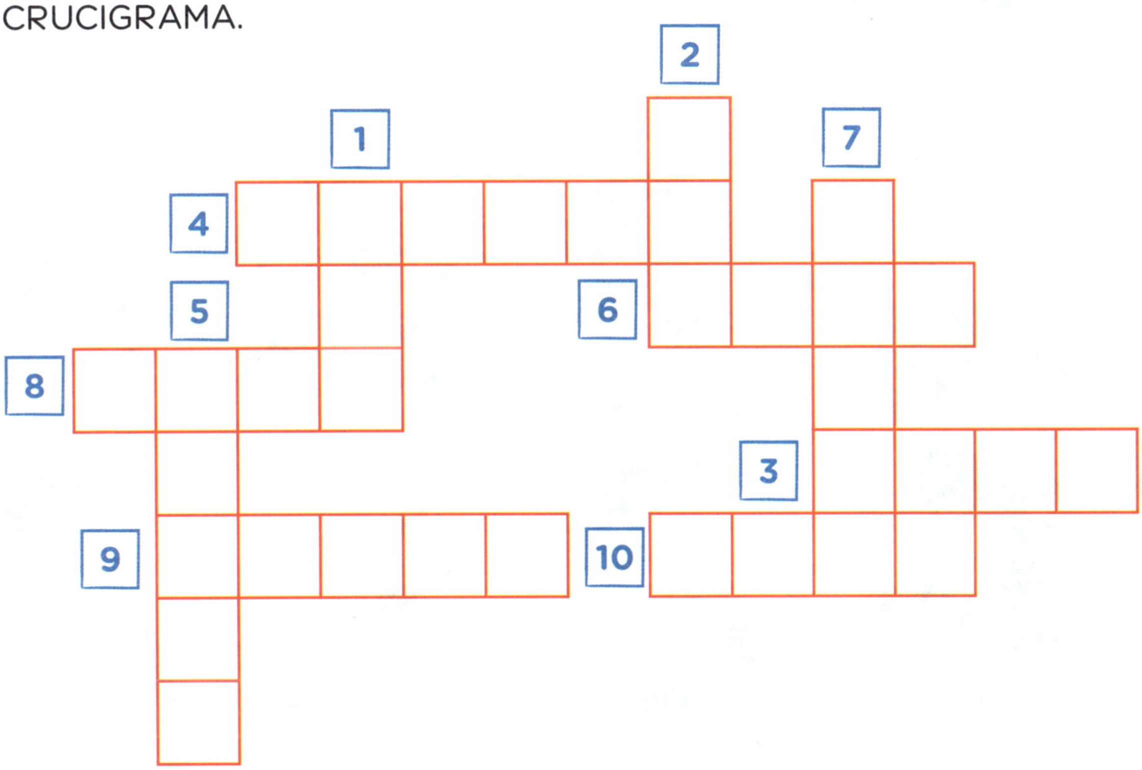

3 ¿VAMOS A PINTAR? PINTA DE [amarelo] LOS ESPACIOS CON NÚMEROS PARES Y DE [marrom] LOS IMPARES. ¡QUÉ SORPRESA!

Ilustra Cartoon/Arquivo da editora

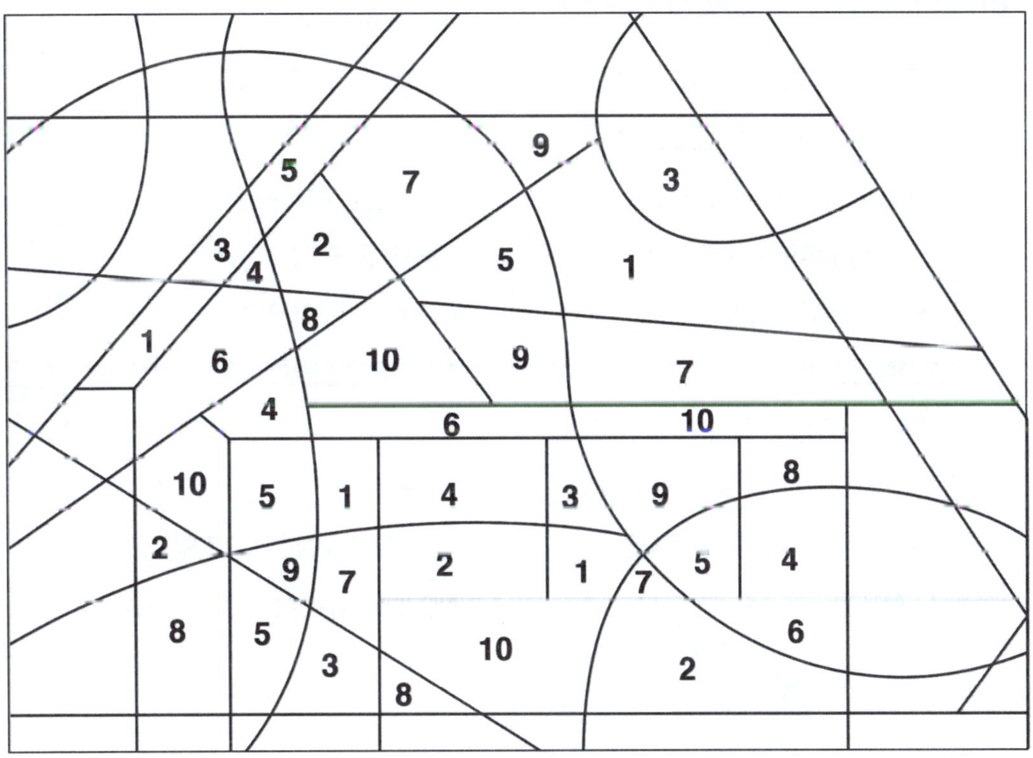

¡AHORA A PRACTICAR!

1 ESCUCHA Y SEÑALA.

18

Ilustrações: Ilustra Cartoon/ Arquivo da editora

¡VAMOS A CANTAR!

UN ELEFANTE SE BALANCEABA

19
20

UN ELEFANTE SE BALANCEABA
SOBRE LA TELA DE UNA ARAÑA,
COMO VEÍA QUE NO SE CAÍA
FUE A LLAMAR A OTRO ELEFANTE.
DOS ELEFANTES SE
BALANCEABAN
SOBRE LA TELA DE UNA ARAÑA,
COMO VEÍAN QUE NO SE CAÍAN
FUERON A LLAMAR A OTRO
ELEFANTE.

TRES ELEFANTES...
CUATRO ELEFANTES...
CINCO ELEFANTES...
SEIS ELEFANTES...
SIETE ELEFANTES...
OCHO ELEFANTES...
NUEVE ELEFANTES...
DIEZ ELEFANTES SE BALANCEABAN
SOBRE LA TELA DE UNA ARAÑA,
COMO VEÍAN QUE SÍ SE CAÍAN
NO INVITARON A UN ELEFANTE MÁS.

CANCIÓN DE LA CULTURA ORAL.

Ilustra Cartoon/ Arquivo da editora

2 RESPONDE A LAS PREGUNTAS Y PINTA LAS FIGURAS.

Ilustrações: Ilustra Cartoon/Arquivo da editora

- ¿CUÁNTOS BALONES HAY?

  HAY .... BALONES.

- PINTA TRES BALONES DE AMARILLO.

- ¿CUÁNTOS COCHES HAY?

  HAY .... COCHES.

- PINTA DOS COCHES DE ROJO.

¡EN ACCIÓN!

PENSAMOS Y REALIZAMOS

EN ESTA UNIDAD, ESTUDIAMOS LAS LETRAS Y LOS NÚMEROS EN ESPAÑOL. AHORA, ¿VAMOS A CREAR CARTELES DE COSAS QUE TE GUSTAN USANDO LO QUE APRENDISTE?

Ilustra Cartoon/Arquivo da editora

PARA HACER LA ACTIVIDAD, SIGUE LAS ETAPAS.

ÚTILES PARA ESTA ACTIVIDAD

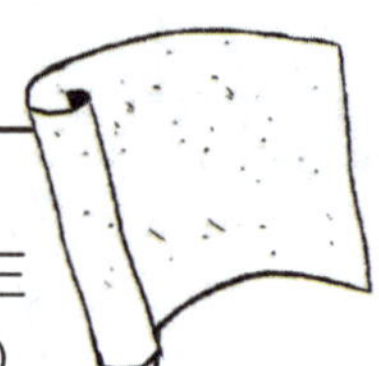

Carla Viana/Arquivo da editora

- UNA HOJA DE CARTULINA BLANCA
- MOLDES DE LAS LETRAS DEL ALFABETO
- LÁPICES DE COLORES
- TIJERA ESCOLAR (DE PUNTAS REDONDAS)
- PEGAMENTO EN BARRA

Biry Sarkis/Arquivo da editora

Ilustra Cartoon/Arquivo da editora

DEBES REUNIRTE EN UN GRUPO CON CUATRO O CINCO COMPAÑEROS. EN ESTE PROYECTO, SERÁN DOS TAREAS DIFERENTES Y TU GRUPO VA A HACER UNA DE ESAS TAREAS.

TAREA 1

1 EL PROFESOR VA A ENTREGAR A LOS GRUPOS UNA CARTULINA BLANCA Y MOLDES DE LAS LETRAS DEL ALFABETO.

2 DE COMÚN ACUERDO, CADA GRUPO DEBE ELEGIR TRES LETRAS DEL ALFABETO PARA RECORTAR Y PEGAR EN LA CARTULINA.

3 LOS ALUMNOS DE CADA GRUPO VAN A PENSAR Y ESCRIBIR UNA PALABRA QUE COMIENCE CON LAS LETRAS ELEGIDAS. DESPUÉS, DEBEN HACER UN DIBUJO PARA CADA PALABRA ESCRITA.

TAREA 2

1 EL PROFESOR VA A ENTREGAR UNA CARTULINA BLANCA A LOS GRUPOS.

2 CADA GRUPO DEBE ESCRIBIR LOS NÚMEROS DE 1 A 10 EN LA CARTULINA, CON ALGARISMOS Y CON PALABRAS.

3 ABAJO DE CADA NÚMERO, DE COMÚN ACUERDO, LOS INTEGRANTES DEL GRUPO DEBEN DIBUJAR ALGO QUE LES GUSTA EN LA CANTIDAD INDICADA.

EXPOSICIÓN

1 CADA GRUPO DEBE PENSAR UN TÍTULO PARA EL TRABAJO. EJEMPLOS:

LOS NÚMEROS Y LAS COSAS QUE ME GUSTAN

LAS LETRAS SE JUNTAN PARA ESCRIBIR

2 AHORA, ES EL MOMENTO DE EXPONER LOS CARTELES EN ALGÚN LUGAR DEL AULA O DE LA ESCUELA.

UNIDAD 3

EL TIEMPO

ENTRA EN ESTA RUEDA

- ¿DÓNDE ESTÁN ESTAS PERSONAS?
- ¿QUÉ CREES QUE VAN A HACER EN ESTE LUGAR?
- ¿VAMOS A NOMBRAR TODOS LOS ELEMENTOS QUE SE VEN EN LA ESCENA?

EN ESTA UNIDAD VAMOS A ESTUDIAR...

- LAS ESTACIONES DEL AÑO.
- EL VESTUARIO: LAS ROPAS Y LOS CALZADOS.
- LA INFLUENCIA DE CADA ESTACIÓN EN NUESTRO ENTORNO.
- LAS FORMAS DE VESTIR EN CADA ESTACIÓN DEL AÑO.

Bruna Assis/Arquivo da editora

LECCIÓN 5

LAS ESTACIONES DEL AÑO

¿CÓMO SE DICE? 21

ACTIVIDAD

- RESPONDE A LAS PREGUNTAS.

Fotokostic/Shutterstock

A) ¿EN QUÉ ESTACIÓN HACE MUCHO FRÍO?

EN ....

Ilustra Cartoon/Arquivo da editora

B) ¿EN QUÉ ESTACIÓN LAS HOJAS CAEN DE LOS ÁRBOLES?

EN ....

Fotokostic/Shutterstock

¿CÓMO SE ESCRIBE?

1 COMPLETA LAS FRASES CON LAS PALABRAS DEL RECUADRO Y RELACIÓNALAS CON LAS FIGURAS CORRECTAS.

FLORES	HOJAS	FRÍO	PLAYA

HACE MUCHO CALOR EN LA ....

¡CÓMO HACE .... !

ME GUSTAN LAS ....

¡CAEN LAS .... DE LOS ÁRBOLES!

Ilustrações: Ilustra Cartoon/Arquivo da editora

2 MARCA LAS ALTERNATIVAS CORRECTAS CON UNA **X**.

A) ¿EN QUÉ ESTACIÓN HACE MUCHO CALOR?

- [ ] EN INVIERNO.
- [ ] EN VERANO.
- [ ] EN PRIMAVERA.

B) ¿CUÁL ES LA ESTACIÓN DE LAS FLORES?

- [ ] EL OTOÑO.
- [ ] LA PRIMAVERA.
- [ ] EL VERANO.

C) EN ESTA ESTACIÓN HACE MUCHO FRÍO.

- [ ] PRIMAVERA.
- [ ] VERANO.
- [ ] INVIERNO.

3 ESCRIBE LAS PALABRAS DEL RECUADRO EN LAS FOTOS CORRESPONDIENTES.

INVIERNO	PRIMAVERA	VERANO	OTOÑO

Neirfy/Shutterstock

Odairson Antonello/Shutterstock

....

rawf8/Shutterstock

Mny-Jhee/Shutterstock

....

4 JUEGA AL AHORCADO.

VERANO	INVIERNO	FLORES	HOJAS
OTOÑO	PRIMAVERA	PLAYA	FRÍO

Ilustrações: Ilustra Cartoon/Arquivo da editora

¡AHORA LO SÉ!

1 ESCUCHA Y SEÑALA.

22

Ilustrações: Ilustra Cartoon/Arquivo da editora

2 ESCRIBE A QUÉ ESTACIÓN PERTENECE CADA ÁRBOL. DESPUÉS, PINTA CON LOS COLORES DE LA ESTACIÓN QUE ESCRIBISTE.

Ilustrações: Ilustra Cartoon/Arquivo da editora

3 PEGA LOS ADHESIVOS QUE ESTÁN EN EL **CUADERNO DE CREATIVIDAD Y ALEGRÍA** EN EL LUGAR CORRESPONDIENTE. DESPUÉS, COMPLETA LAS PALABRAS.

A) ¡UY, QUÉ FRÍO!

I ☐ V ☐ ER ☐ O

B) ¡VIVA! PODEMOS IR A LA PLAYA.

V ☐ R ☐ ☐ O

C) MIRA, ¡CUÁNTAS FLORES!

PR ☐ M ☐ ☐ ☐ RA

D) POBRECITOS, ¡LOS ÁRBOLES ESTÁN SIN HOJAS!

OT ☐ ☐ O

¡AHORA A PRACTICAR!

1 PRACTIQUEN ORALMENTE EN PAREJAS.

Ilustrações: Ilustra Cartoon/Arquivo da editora

¡VAMOS A CANTAR!

LAS CUATRO ESTACIONES

23
24

EN PRIMAVERA HAY MUCHAS, MUCHAS FLORES,
Y TODO SE COLOREA.
EN VERANO EL SOL BRILLA, BRILLA FUERTE,
Y TODO SE CALIENTA.
EN OTOÑO SE CAEN, SE CAEN LAS HOJAS,
Y LLENAN TODO EN EL SUELO.
EN INVIERNO HACE MUCHO, MUCHO FRÍO,
Y TODO SE BLANQUEA.

MARIANGELA SECCO.

2 DIBUJA LA ESTACIÓN DEL AÑO QUE A TI TE GUSTA MÁS.

- ¿QUÉ ESTACIÓN DEL AÑO ES ESTA?

TECNOLOGÍA PARA...

SABER LA PREVISIÓN DEL TIEMPO

Firn/Shutterstock

¿SABÍAS QUE ES POSIBLE SABER LA PREVISIÓN DEL TIEMPO CON LA AYUDA DE RECURSOS ELECTRÓNICOS?

HOY EN DÍA, HAY DIFERENTES SITIOS VIRTUALES Y PROGRAMAS ELECTRÓNICOS QUE TRAEN INFORMACIÓN SOBRE EL TIEMPO. CON UNA COMPUTADORA O UN TELÉFONO MÓVIL, ES POSIBLE ACCEDER A ESTOS RECURSOS Y SABER SI MAÑANA VA A LLOVER O SI VA A HACER FRÍO O CALOR.

LECCIÓN 6 EL VESTUARIO

¿CÓMO SE DICE?

25

ACTIVIDAD

- OBSERVA LAS IMÁGENES Y MARCA LA FRASE CORRECTA CON UNA **X**.

A

SRNR/Shutterstock/Imageplus

☐ ESTO ES UNA BUFANDA.

☐ ESTO ES UN BAÑADOR.

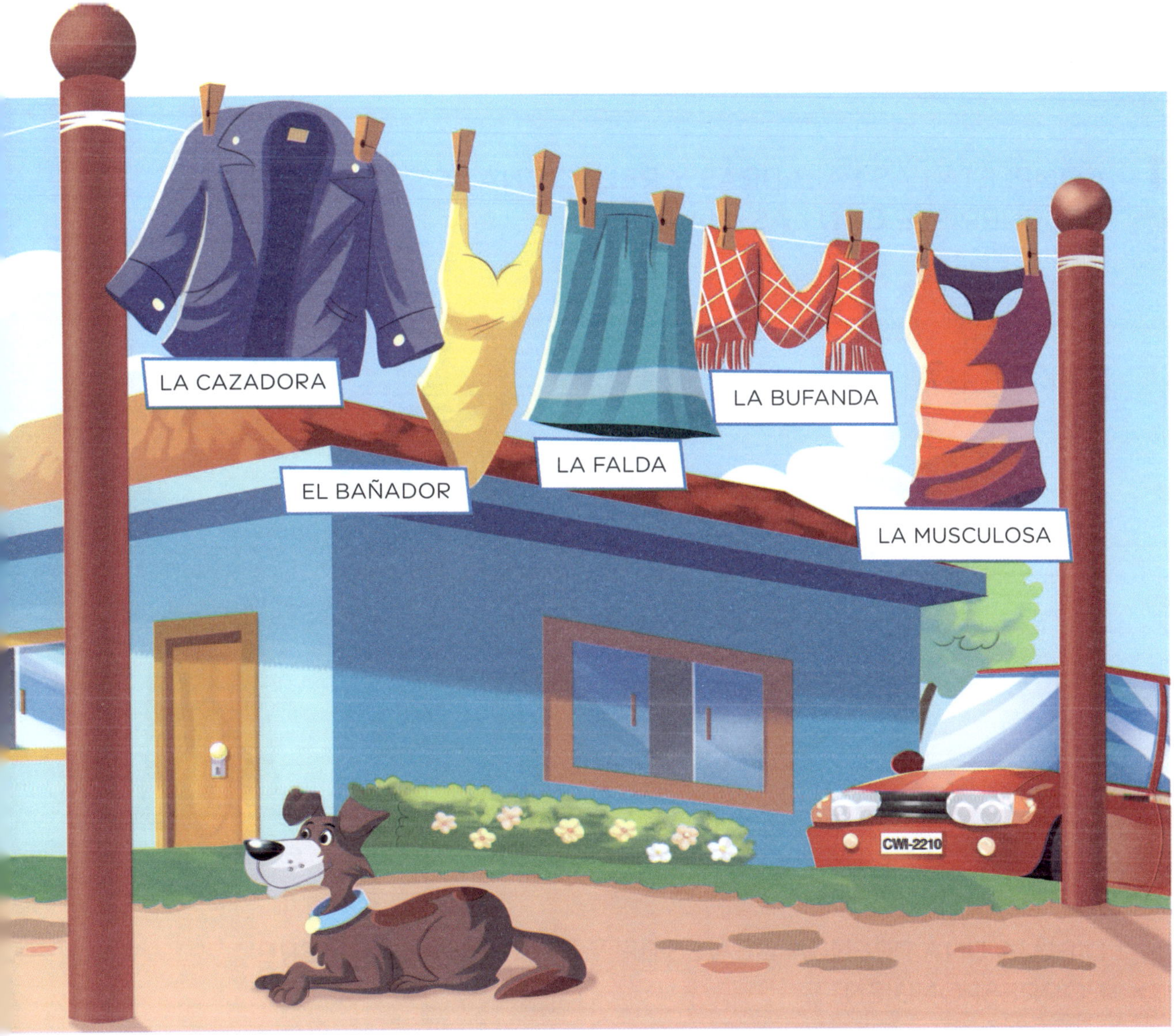

Ilustra Cartoon/Arquivo da editora

B

Alexander Kalina/Shutterstock/Imageplus

- [ ] ESTO ES UNA CAZADORA.
- [ ] ESTO ES UNA MUSCULOSA.

C

Losevsky Pavel/Shutterstock/Imageplus

- [ ] ESTO ES UNA TIENDA DE ROPAS.
- [ ] ESTO ES UNA ESCUELA.

¿CÓMO SE ESCRIBE?

1 COMPLETA LAS PALABRAS Y RELACIONA LOS NOMBRES QUE DESCUBRISTE CON LAS IMÁGENES.

A) PA ☐ TA ☐ Ó ☐

B) Z ☐ PA ☐ I ☐ ☐ A ☐

C) ☐ OR ☐ A

D) ☐ E ☐ TI ☐ O

Fotosearch/Keystone
☐

Supertrooper/Shutterstock
☐

Windu/Shutterstock
☐

Maxstochphotos/Shutterstock
☐

2 DIBUJA UNA PRENDA DE VESTIR Y ESCRIBE EL NOMBRE CORRESPONDIENTE.

3 ESCRIBE LOS NOMBRES DE LAS IMÁGENES Y COMPLETA LAS FRASES.

Rusian Kudrin/Shutterstock

A) MANUELA USA ....
CUANDO HACE CALOR.

Kedrov/Shutterstock

B) CUANDO HACE MUCHO FRÍO, CON LA
.... NOS SENTIMOS CALENTITOS

FzAxe/Shutterstock

C) NIÑOS Y NIÑAS USAN ....
PARA IR A LA ESCUELA.

Khvost/Shutterstock

D) CUANDO HACE MUCHO CALOR, CON LA
.... NOS SENTIMOS MEJOR.

4 ORDENA LAS PALABRAS DE ACUERDO CON LA SECUENCIA DE LOS NÚMEROS PARA DESCUBRIR LA PREGUNTA.

1	2	3	4
USAMOS	INVIERNO	EN	QUÉ

4 1 3 2 ¿...?

- AHORA CONTESTA A LA PREGUNTA.

USAMOS .... Y ....

¡AHORA LO SÉ!

1 ¿QUIÉN SOY? OBSERVA Y RELACIONA.

YO USO UNA CAMISETA BLANCA.

YO USO UNA CAMISETA AMARILLA.

YO USO ZAPATILLAS NEGRAS.

YO USO BERMUDAS AZULES.

YO USO UNA GORRA VERDE.

YO USO BERMUDAS ROJAS.

YO USO UN PANTALÓN MARRÓN.

YO USO UNA CAZADORA AZUL.

Ilustrações: Ilustra Cartoon/Arquivo da editora

- AHORA CONTESTA: Y TÚ, ¿QUÉ USAS?
  USO ....

2 ESCUCHA Y SEÑALA.

26

Dmitry Kalinovsky/Shutterstock

Maridav/Shutterstock

Vlad Teodor/Shutterstock

Gary Ombler/Getty Images

5 Second Studio/Shutterstock

Kenishirotie/Shutterstock

LiskaM/Shutterstock

Neelsky/Shutterstock

3 ENCUENTRA LAS SEIS PRENDAS DEL VESTUARIO QUE ESTÁN ESCONDIDAS. DESPUÉS, PÍNTALAS.

Ilustra Cartoon/Arquivo da editora

¡AHORA A PRACTICAR!

1 PRACTIQUEN ORALMENTE EN PAREJAS.

Ilustrações: Ilustra Cartoon/Arquivo da editora

2 UNE LAS PALABRAS CON LAS FIGURAS CORRESPONDIENTES.

EL PANTALÓN

LOS GUANTES

LA BUFANDA

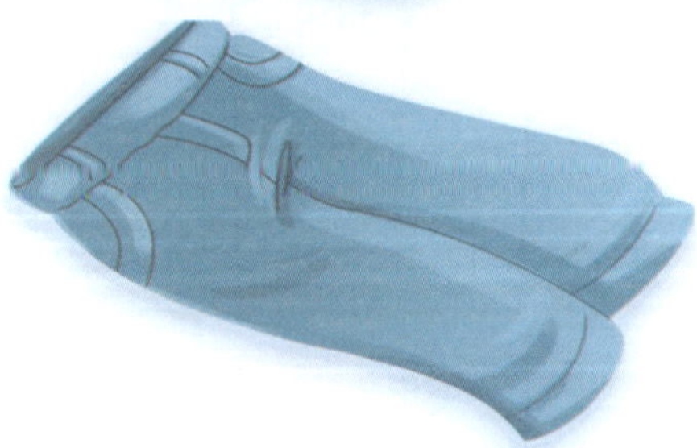

LA CAZADORA

3 PEGA LOS ADHESIVOS QUE ESTÁN EN EL **CUADERNO DE CREATIVIDAD Y ALEGRÍA** PARA COMPLETAR LAS FIGURAS.

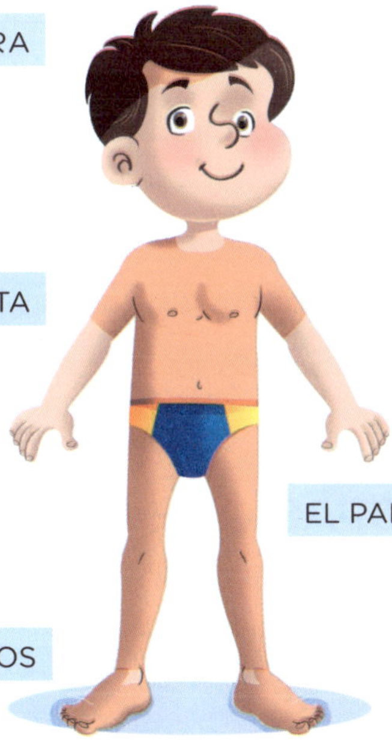

¡VAMOS A CANTAR!

VAMOS A LAS COMPRAS

27
28

CUANDO SALGO DE COMPRAS CON MI MAMÁ
EN LAS TIENDAS PUEDO TODO ENCONTRAR.
LA BUFANDA, EL PANTALÓN,
LA CAZADORA Y LOS GUANTES,
CUANDO TENGO MUCHO FRÍO.

CUANDO SALGO DE COMPRAS CON MI PAPÁ
EN LAS TIENDAS PUEDO TODO ENCONTRAR.
LAS BERMUDAS Y LA FALDA,
LA MUSCULOSA Y LA CAMISETA,
CUANDO TENGO MUCHO CALOR.

MARIANGELA SECCO.

Ilustrações: Ilustra Cartoon/Arquivo da editora

EL TEMA ES...

CONSUMIR CON RESPONSABILIDAD

EN ESTA UNIDAD, HAS APRENDIDO EL NOMBRE DE LAS ESTACIONES DEL AÑO Y DE LAS ROPAS QUE UTILIZAMOS EN EL DÍA, CUANDO HACE FRÍO, CUANDO HACE CALOR, CUANDO VAMOS A LA PLAYA...

CUANDO LLEGA EL INVIERNO O EL VERANO, CASI SIEMPRE PERCIBIMOS QUE ALGUNAS ROPAS YA NO NOS SIRVEN. LOS NIÑOS CRECEN MUY RÁPIDO, ¿VERDAD?

¿QUÉ PODEMOS HACER CON LAS ROPAS QUE NO NOS SIRVEN MÁS?

PODEMOS REALIZAR MUCHAS ACCIONES PARA HACER DE ESTE MUNDO UN LUGAR MEJOR PARA TODOS.

DONAR

ES EL ACTO DE REPASAR ROPAS, CALZADOS, LIBROS, JUGUETES Y OTROS OBJETOS QUE POR ALGÚN MOTIVO NO UTILIZAMOS MÁS, PERO QUE ESTÁN EN BUENAS CONDICIONES Y QUE OTRAS PERSONAS PUEDEN APROVECHAR.

Veja/Shutterstock

COMPARTIR

¿POR QUÉ NO HACER UNA FERIA ENTRE LOS FAMILIARES Y AMIGOS Y CAMBIAR ROPAS O JUGUETES? UNA ROPA QUE YA NO TE SIRVE MÁS PUEDE SERVIR A OTRA PERSONA.

Reprodução/Instituto Noa

TRANSFORMAR

PODEMOS REUTILIZAR LAS ROPAS O LOS TEJIDOS PARA CREAR OTRAS PRENDAS O ACCESORIOS. POR EJEMPLO, AL CORTAR UN PANTALÓN, ESTE PUEDE TRANSFORMARSE EN UNAS BERMUDAS O EN UN BOLSO DE TEJIDO.

¿SABÍAS QUE CUANDO RECICLAMOS ALGO QUE YA TENEMOS EN VEZ DE COMPRAR COSAS NUEVAS ESTAMOS AYUDANDO NUESTRAS ECONOMÍAS Y TAMBIÉN NUESTRO PLANETA?

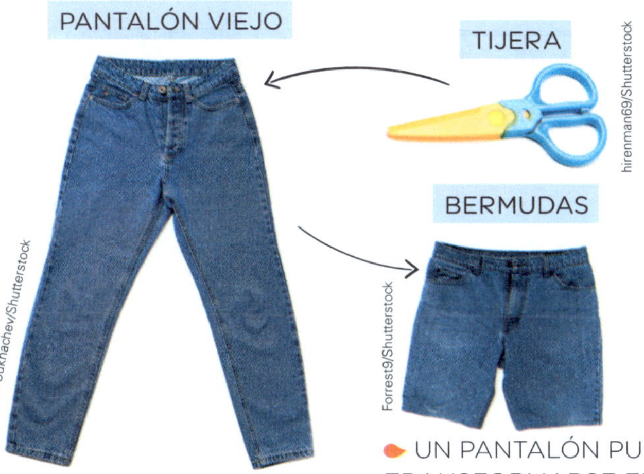

Vladimir Sukhachev/Shutterstock
hirenman69/Shutterstock
Forrest9/Shutterstock

UN PANTALÓN PUEDE TRANSFORMARSE EN UNAS BERMUDAS.

CUANDO UTILIZAMOS UN BOLSO DE TEJIDO, REDUCIMOS EL CONSUMO DE BOLSAS DE PLÁSTICO Y CUIDAMOS EL MEDIO AMBIENTE.

Praisaeng/Shutterstock

UN PANTALÓN PUEDE TRANSFORMARSE EN UN BOLSO.

CUANTOS MÁS OBJETOS CONSEGUIMOS REAPROVECHAR POR MÁS TIEMPO, MENOS RECURSOS NATURALES SERÁN USADOS PARA PRODUCIR NUEVOS OBJETOS.

photka/Shutterstock
photka/Shutterstock

CON CREATIVIDAD, UNA PIEZA DE VESTUARIO PUEDE TRANSFORMARSE EN OBJETOS PARA DECORAR NUESTRA CASA Y TAMBIÉN EN JUGUETES PARA DIVERTIRNOS CON LA FAMILIA Y LOS AMIGOS.

IDEAS COMO ESAS NOS PERMITEN ECONOMIZAR DINERO Y CONTRIBUIR CON LA PRESERVACIÓN DEL AMBIENTE.

AHORA HABLA CON LOS COMPAÑEROS Y EL PROFESOR.

1 ¿QUÉ HACES CON LAS ROPAS, LOS CALZADOS Y LOS JUGUETES QUE YA NO USAS MÁS?

2 ¿CUÁNDO LES PIDES A TUS PADRES QUE TE COMPREN UNA ROPA O UN JUGUETE, SABES ESPERARLOS?

3 ¿CREES QUE TENER ALGO QUE SE DESEA ES LO MISMO QUE TENER ALGO DE QUE SE NECESITA?

UNIDAD 4

¡ME GUSTA MUCHO!

ENTRA EN ESTA RUEDA

- ¿QUÉ HACEN LOS NIÑOS EN ESTA ESCENA?
- ¿YA HAS VISTO ALGÚN ANIMAL QUE ESTÁ EN EL ÁLBUM DE CROMOS? ¿DÓNDE?

EN ESTA UNIDAD VAMOS A ESTUDIAR...

- LOS JUGUETES.
- LOS ANIMALES.
- LOS ARTÍCULOS DETERMINADOS: **EL**, **LA**, **LOS**, **LAS**.

Bruna Assis/Arquivo da editora

LECCIÓN 7

LOS JUGUETES

29

¿CÓMO SE DICE?

ACTIVIDAD

- OBSERVA LA ESCENA Y COMPLETA LAS FRASES.

A

JUAN JUEGA A

....

B

GABI JUEGA A

....

C

LORENA JUEGA CON

....

D

JORGE JUEGA CON

....

Ilustrações: Ilustra Cartoon/Arquivo da editora

¿CÓMO SE ESCRIBE?

1 COMPLETA LOS JUGUETES Y ESCRIBE LOS NOMBRES. DESPUÉS, PÍNTALOS CON LOS COLORES INDICADOS EN LAS FRASES.

A

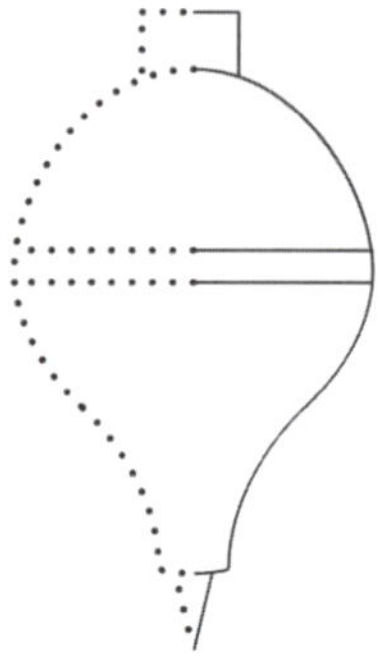

Ilustrações: Ilustra Cartoon/Arquivo da editora

....

ROSA Y MARRÓN.

B

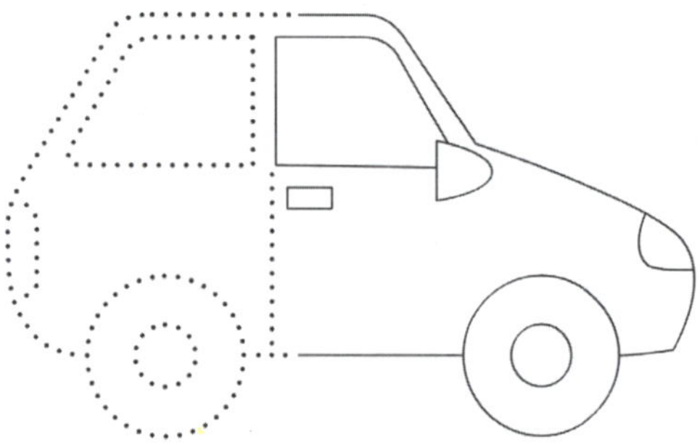

....

ROJO.

C

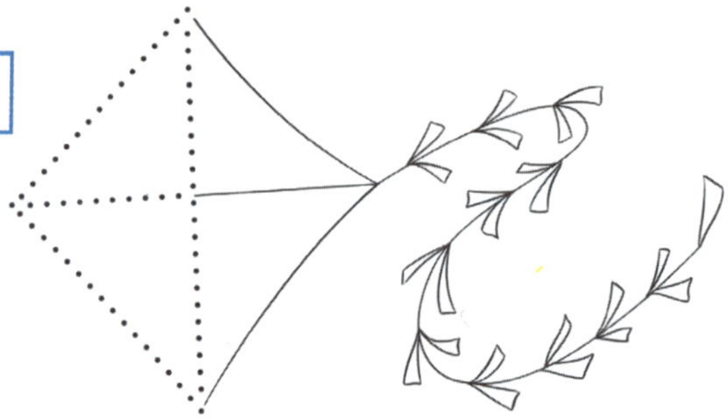

....

AMARILLA Y VERDE.

D

....

AZUL Y NARANJA.

2 COPIA LOS NOMBRES DE LOS JUGUETES DEBAJO DE LAS FOTOS CORRESPONDIENTES.

LAS PELOTAS	LOS COCHES	LA MUÑECA	EL TROMPO
LA COMETA	LAS CANICAS	LOS PATINES	EL VIDEOJUEGO

Jil Photo/Shutterstock

Cicero Rodrigues/ Editora Abril

Levent Konuk/ Shutterstock/Imageplus

ZTS/Shutterstock/ Imageplus

Photopalace/ Shutterstock

Jonathan Larsen/ Shutterstock/Imageplus

Andy Piatt/ Shutterstock/Imageplus

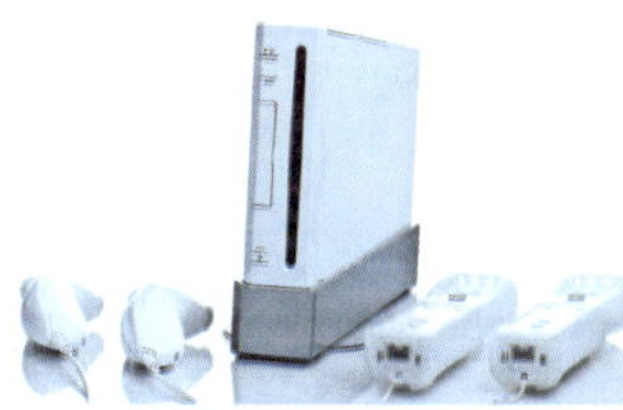
Imagebroker/ Agb Photo/Keystone

3 RESPONDE A LAS PREGUNTAS Y DESCUBRE EL NOMBRE DE ALGUNOS JUGUETES.

A) ¿CUÁL ES EL JUGUETE QUE VUELA HACIA EL CIELO?

B) RUEDA, RUEDA Y CONMIGO JUEGA. ¿QUÉ ES?

C) CON ÉL LA TECNOLOGÍA SIEMPRE ME AYUDA A GANAR. ¿QUÉ ES?

¡AHORA LO SÉ!

1 COMPLETA LOS NOMBRES DE LOS JUGUETES.

A

boitano/Shutterstock

M ___ Ñ ___ ___ A

C

HK-PHOTOGRAPHY/Shutterstock

CA ___ ___ C ___ S

B

Mindscape studio/Shutterstock

P ___ ___ I ___ ES

D

Luis Carlos Torres/Shutterstock

T ___ O ___ P ___

2 USA LAS PALABRAS DEL RECUADRO PARA COMPLETAR LAS FRASES.

AMIGOS	COMPARTIR	JUGAR	GUARDAR

A) ME GUSTA TENER MUCHOS ....

B) CON ELLOS SIEMPRE QUIERO ....

C) CON MIS AMIGOS PUEDO .... TODOS MIS JUGUETES.

D) DESPUÉS DE JUGAR, DEBEMOS .... NUESTROS JUGUETES.

3 PEGA LOS ADHESIVOS QUE ESTÁN EN EL **CUADERNO DE CREATIVIDAD Y ALEGRÍA** Y COMPLETA LA ESCENA.

Ilustra Cartoon/Arquivo da editora

4 ADIVINA EL NOMBRE DE ALGUNOS JUGUETES.

A) SOY UNA NIÑA CHIQUITINA, CON OJITOS DE CRISTAL. CAMINO SI ME PONES PILAS Y A VECES PUEDO LLORAR.

....

B) SOY REDONDA Y SIN PIES, PUEDO CORRER Y SALTAR Y NO ME DEJAN ESTAR QUIETA EN NINGÚN LUGAR.

....

¡AHORA A PRACTICAR!

1 ESCUCHA Y SEÑALA.

30

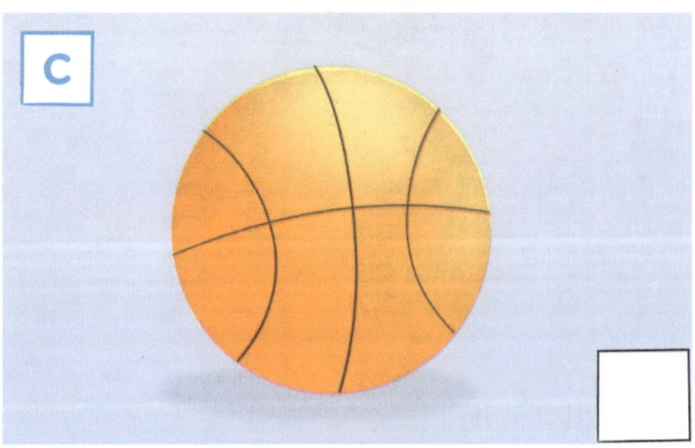

Ilustrações: Ilustra Cartoon/Arquivo da editora

2 OBSERVA LAS ESCENAS Y COMPLETA LAS FRASES CON LAS PALABRAS DEL RECUADRO.

COMETAS	COCHE	MUÑECA	VIDEOJUEGO

CAROLINA JUEGA CON LA ....

LAS .... VUELAN HACIA EL CIELO.

Ilustrações: Ilustra Cartoon/ Arquivo da editora

EDUARDO JUEGA CON EL ....

MIGUEL Y LUISA JUEGAN CON EL ....

¡VAMOS A CANTAR!

REDONDO, REDONDO ES DON REDONDÓN...

31 32

REDONDO, REDONDO
ES DON REDONDÓN.
LE GUSTAN LAS COSAS
QUE REDONDAS SON:
EL BOMBO, LA RUEDA,
LA LUNA Y EL SOL.
REDONDO, REDONDO
ES DON REDONDÓN.

Ilustrações: Ilustra Cartoon/Arquivo da editora

CANCIÓN DE LA CULTURA ORAL.

LECCIÓN 8

LOS ANIMALES

¿CÓMO SE DICE?

33

ACTIVIDAD

- MARCA CON UNA **X** LA ALTERNATIVA CORRECTA.

A) ¿DE QUÉ COLOR ES LA JIRAFA?

☐ AMARILLA. ☐ ROJA. ☐ VERDE.

Ilustra Cartoon/Arquivo da editora

B) ¿CÓMO SE LLAMA EL REY DE LOS ANIMALES?

☐ ELEFANTE. ☐ FOCA. ☐ LEÓN.

¿CÓMO SE ESCRIBE?

1 ESCRIBE EL NOMBRE DE LOS ANIMALES.

Andreas Weiss/Shutterstock/Imageplus

Neelsky/Shutterstock/Imageplus

Tech Wizard/Shutterstock/Imageplus

Robert Hardholt/Shutterstock/Imageplus

AE Photographic/Shutterstock/Imageplus

Lynn Whit/Shutterstock/Imageplus

2 COMPLETA LAS FRASES CON EL NOMBRE DE LOS ANIMALES. DESPUÉS, PÍNTALOS DE ACUERDO CON LOS COLORES INDICADOS.

A

ESTE .... ES AMARILLO Y MARRÓN.

B

ESTE .... ES MARRÓN.

C

ESTE .... ES NARANJA.

D

ESTE .... ES GRIS.

E

Ilustrações: Ilustra Cartoon/ Arquivo da editora

ESTA .... ES AMARILLA Y MARRÓN.

¡AHORA LO SÉ!

1 ESCUCHA Y SEÑALA.

34

Ilustrações: Ilustra Cartoon/Arquivo da editora

2 UNE LOS PUNTOS.

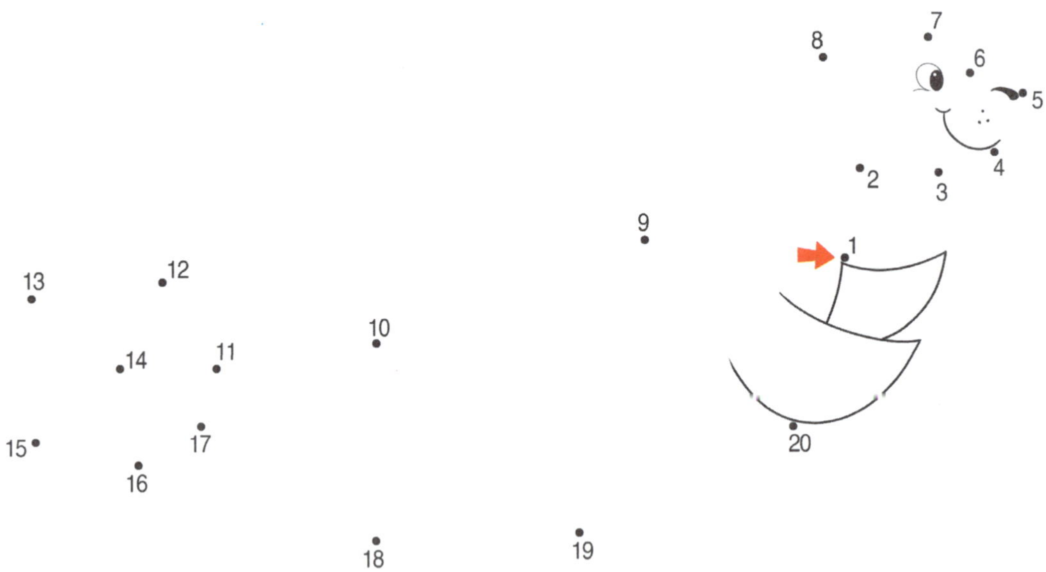

- ¿QUÉ ANIMAL ES?

ES ....

3 COMPLETA LAS PALABRAS Y DESCUBRE EL NOMBRE DE LOS ANIMALES.

A) EL REY DE LOS ANIMALES.

ES EL L ☐ ☐ N.

B) ES MUY ALTA, MUY ALTA.

ES LA ☐ IRA ☐ ☐.

C) EL MÁS GRACIOSO DE LOS ANIMALES.

ES EL M ☐ N ☐.

D) ES MUY PESADO, MUY PESADO.

ES EL E ☐ E ☐ ☐ N ☐ E.

4 OBSERVA LAS IMÁGENES Y MARCA LAS FRASES CORRECTAS CON UNA **X**.

PHOTOCREO Michal Bednarek/Shutterstock

☐ ES UN ELEFANTE.

☐ ES UN LEÓN.

NelisNienaber/Shutterstock

☐ ES UNA JIRAFA.

☐ ES UN MONO.

Chris Kruger/Shutterstock

☐ ES UN RINOCERONTE.

☐ ES UNA CEBRA.

irakite/Shutterstock

☐ ES UN OSO PANDA.

☐ ES UN MONO.

¡AHORA A PRACTICAR!

1 COMPLETA EL CRUCIGRAMA DE ACUERDO CON LOS NOMBRES DE LOS ANIMALES.

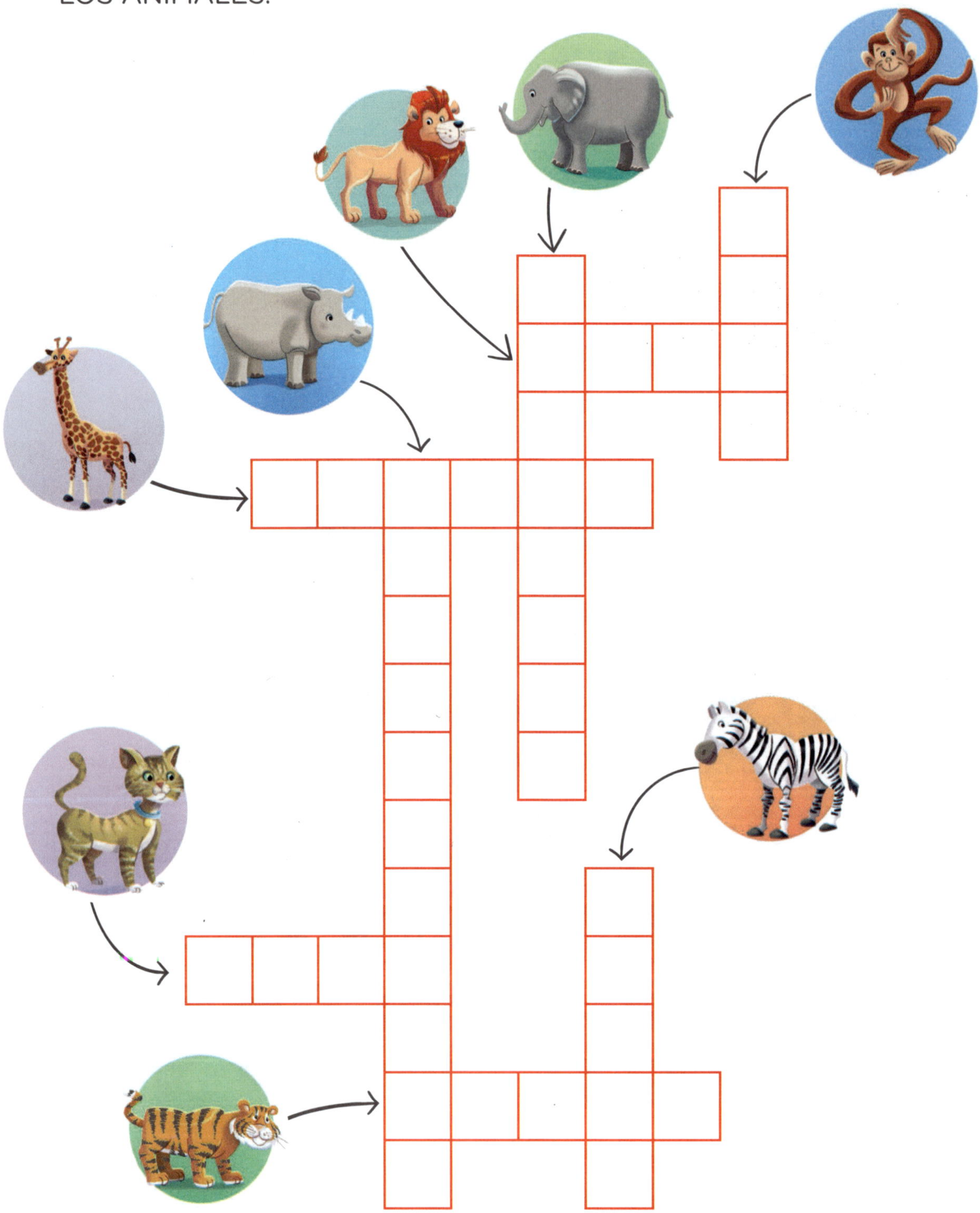

Ilustrações: Ilustra Cartoon/Arquivo da editora

2 LEE LAS FRASES Y RELACIONA CON LAS FIGURAS.

A) EL LEÓN ES VALIENTE.

Ilustrações: Ilustra Cartoon/ Arquivo da editora

B) LA FOCA ES GRACIOSA.

C) EL TIGRE ES ASTUTO.

¡VAMOS A CANTAR!

LOS ANIMALES

35 36

¡ME GUSTAN LOS ANIMALES!
¡VIVA! ¡VIVA! ¡VIVA!
EL MONO ES BROMISTA.
LA JIRAFA ES MUY ALTA.
EL LEÓN ES VALIENTE.
LA CEBRA ES CONTENTA.
¡ME GUSTAN LOS ANIMALES!
¡VIVA! ¡VIVA! ¡VIVA!

EL TIGRE ES ASTUTO.
EL OSO ES POMPOSO.
LA FOCA ES GRACIOSA.
EL RINOCERONTE ES GRANDE.
¡ME GUSTAN LOS ANIMALES!
¡VIVA! ¡VIVA! ¡VIVA!

MARIANGELA SECCO.

¡EN ACCIÓN!

CONOCIENDO ALGUNOS ANIMALES

EN ESTA UNIDAD, APRENDIMOS EL NOMBRE DE ALGUNOS ANIMALES Y SUS COLORES. AHORA, ¿QUÉ TAL CREAR FICHAS Y APRENDER UN POCO MÁS SOBRE ELLOS?

ÚTILES PARA ESTA ACTIVIDAD

- LIBROS SOBRE ANIMALES, ENCICLOPEDIAS, REVISTAS O BÚSQUEDAS EN INTERNET
- FICHA EN BLANCO
- IMÁGENES DE ANIMALES
- TIJERA ESCOLAR (DE PUNTAS REDONDAS)
- PEGAMENTO EN BARRA

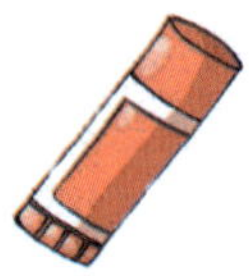

Biry Sarkis/Arquivo da editora

Carla Viana/Arquivo da editora

Banco de imagens/Arquivo da editora

Ilustra Cartoon/Arquivo da editora

PARA HACER ESTA ACTIVIDAD, SIGUE ESTAS ETAPAS.

1. REÚNETE CON TU GRUPO Y SIGUE LAS ORIENTACIONES DEL PROFESOR.

wavebreakmedia/Shutterstock

2 ELIGE UN ANIMAL PARA LA INVESTIGACIÓN DEL GRUPO.

3 EN CASA Y CON LA AYUDA DE UN FAMILIAR, HAZ UNA BÚSQUEDA SOBRE EL ANIMAL Y COMPLETA LA FICHA CON LAS INFORMACIONES QUE HAS ENCONTRADO.

SelectStock/Vetta/Getty Images

videodream/DepositPhotos/Fotoarena

4 ELIGE UNA FOTO DEL ANIMAL Y PÉGALA EN LA FICHA.

5 PRESENTA A LOS COMPAÑEROS DE TU GRUPO LAS INFORMACIONES Y LA FOTO DEL ANIMAL.

6 DE COMÚN ACUERDO, LOS INTEGRANTES DEL GRUPO DEBEN ELEGIR A UN COMPAÑERO PARA ESCRIBIR LA FICHA FINAL. ELIJAN TAMBIÉN LAS FOTOS QUE PEGARÁN.

7 LOS INTEGRANTES DEL GRUPO DEBEN ESCOGER A UN REPRESENTANTE PARA PRESENTAR A LOS DEMÁS GRUPOS LAS INFORMACIONES SOBRE EL ANIMAL Y LAS FOTOS.

8 AHORA QUE SABES SOBRE LOS ANIMALES, CAMBIA CON UN COMPAÑERO LA FICHA QUE HAS HECHO EN CASA Y COMPARTE LAS NUEVAS INFORMACIONES CON LOS MIEMBROS DE TU FAMILIA.

REPASO 1 MI FAMILIA

1 BUSCA LAS PALABRAS DEL RECUADRO EN LA SOPA DE LETRAS.

ABUELO ABUELA HERMANO HERMANA
PADRE MADRE PERRO

L	A	F	H	E	R	M	A	N	O	A	M	I
P	A	D	R	E	L	I	M	A	D	R	E	A
E	P	E	R	R	O	S	A	B	U	E	L	O
M	U	Y	H	E	R	M	A	N	A	I	M	P
O	A	B	U	E	L	A	R	T	A	N	T	E

- AHORA, CON LAS LETRAS SOBRANTES, DESCUBRE EL MENSAJE SECRETO.

Ilustra Cartoon/Arquivo da editora

2 HAZ EL ÁRBOL GENEALÓGICO DE TU FAMILIA. DESPUÉS, ESCRIBE QUIÉNES SON LAS PERSONAS DE TU FAMILIA.

REPASO 2 LA ESCUELA

1 DIBUJA Y PINTA LO QUE SE TE PIDE.

UN SACAPUNTAS ROJO	UN PUPITRE GRIS	UNA GOMA VERDE
UNA TIJERA AZUL	UN BOLÍGRAFO ROSA	UNA TIZA AMARILLA

2 SIGUE LAS FLECHAS PARA ENCONTRAR EL CAMINO.

Ilustrações: Cartoon/Arquivo da editora

- AHORA, ESCRIBE EL MENSAJE EN LOS ESPACIOS.

REPASO 3 EL ALFABETO ESPAÑOL

1 JUEGA AL AHORCADO.

Ilustrações: Ilustra Cartoon/Arquivo da editora

	ABUELO	HERMANA	TIJERA
SACAPUNTAS	MUÑECA	TIGRE	JIRAFA
	TROMPO	COMETA	PANTALÓN

2 ¡BINGO!

BINGO

BANCO DE PALABRAS			
ABUELO	VERANO	NIÑA	AZUL
NIÑO	LEÓN	DOS	LÁPIZ
INVIERNO	GOMA	ÁRBOL	MUÑECA
BAÑADOR	TIZA	MONO	JIRAFA

3 ESCRIBE LAS VOCALES QUE FALTAN PARA COMPLETAR LAS PALABRAS.

A) ☐ B ☐ ☐ L ☐

B) FL ☐ R ☐ S

C) P ☐ L ☐ T ☐

D) H ☐ RM ☐ N ☐

E) P R ☐ M ☐ V ☐ R ☐

F) ☐ S C ☐ ☐ L ☐

G) M ☐ ☐ STR ☐

H) ☐ S ☐ P ☐ ND ☐

I) P ☐ RR ☐

J) ☐ M ☐ R ☐ LL ☐

Monkey Business Images/Shutterstock

UNA FAMILIA JUEGA A LA PELOTA.

REPASO 4 LOS NÚMEROS

1 COMPLETA EL CRUCIGRAMA. ¿CUÁNTOS(AS) SON?

A) LOS DÍAS DE LA SEMANA.

B) LAS OREJAS.

C) LOS DEDOS DE LA MANO.

D) LA BOCA.

E) LAS PATAS DEL PERRO.

F) LOS  CERDITOS.

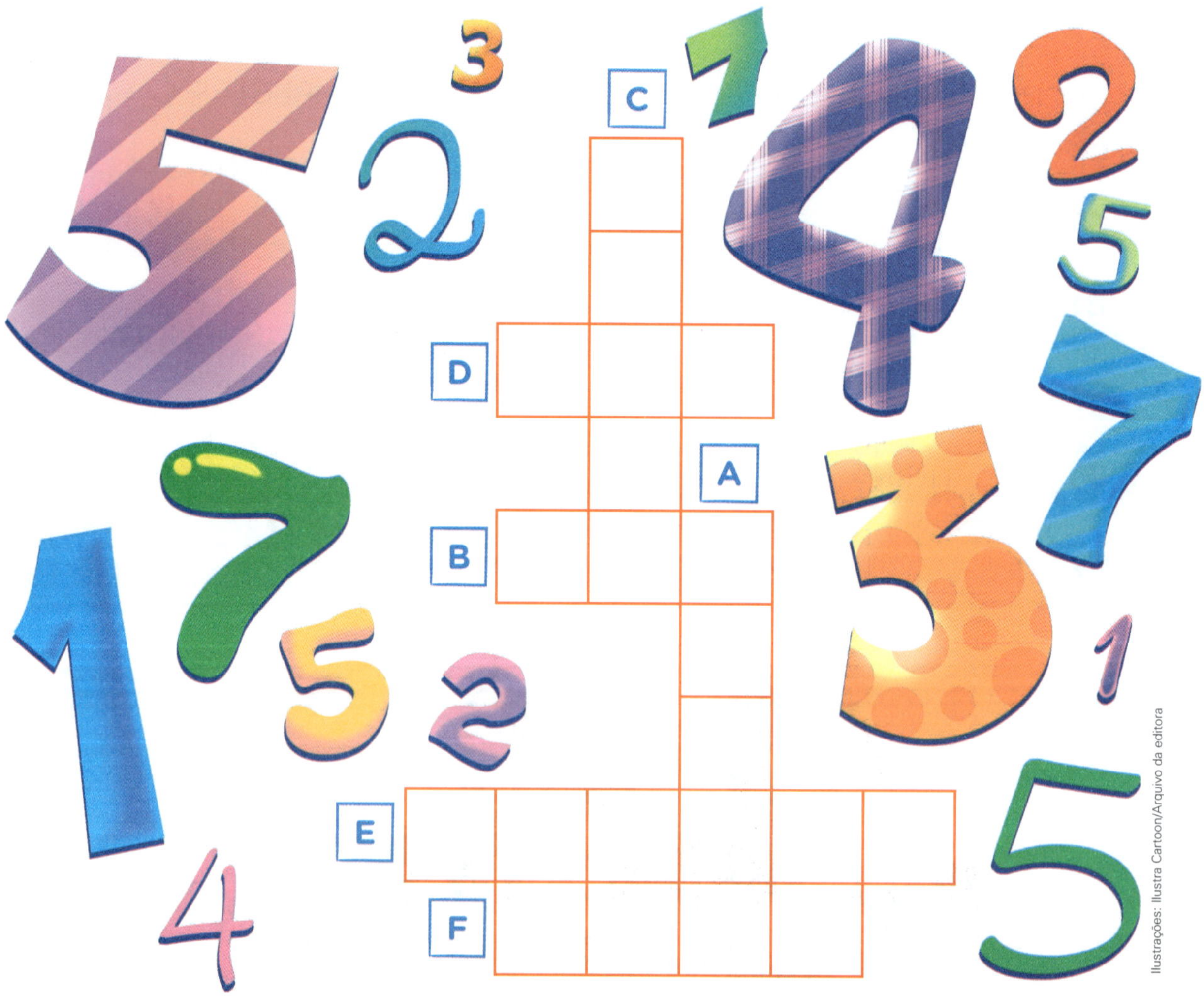

Ilustrações: Ilustra Cartoon/Arquivo da editora

2 UNE LOS PUNTOS DESDE EL 1 HASTA EL 10 Y PINTA EL DIBUJO.

3 BUSCA LOS NÚMEROS EN LA SOPA DE LETRAS. DESPUÉS, ESCRÍBELOS EN LOS ESPACIOS CORRESPONDIENTES.

O	C	H	O	U	T	Y	Ñ	W
P	L	I	O	K	J	H	N	D
C	O	P	R	W	S	A	T	O
E	Z	C	D	I	E	Z	Q	S
R	O	P	L	U	E	W	B	N
O	Ñ	M	T	S	I	E	T	E
T	R	Q	W	S	A	X	U	P
B	C	I	N	C	O	Ñ	K	I

Ilustrações: Ilustra Cartoon/ Arquivo da editora

REPASO 5 LAS ESTACIONES DEL AÑO

1 REPRESENTA CADA UNA DE LAS ESTACIONES DEL AÑO.

LA PRIMAVERA

EL VERANO

EL OTOÑO

EL INVIERNO

2 COMPLETA EL DIÁLOGO CON LAS PALABRAS DEL RECUADRO.

ESTACIÓN	HOJAS	CALOR	FLORES
OTOÑO	PRIMAVERA	VERANO	INVIERNO

Ilustrações: Ilustra Cartoon/Arquivo da editora

EL VESTUARIO

1 AYUDA A LAURA A ENCONTRAR OCHO PRENDAS DE VESTIR EN ESTA HABITACIÓN.

Ilustra Cartoon/Arquivo da editora

- AHORA, ESCRIBE EL NOMBRE DE LAS PRENDAS DE VESTIR QUE ENCONTRASTE.

....

....

....

....

2 COMPLETA EL CRUCIGRAMA CON EL NOMBRE DE LAS IMÁGENES.

Voronina Svetiana/ Shutterstock

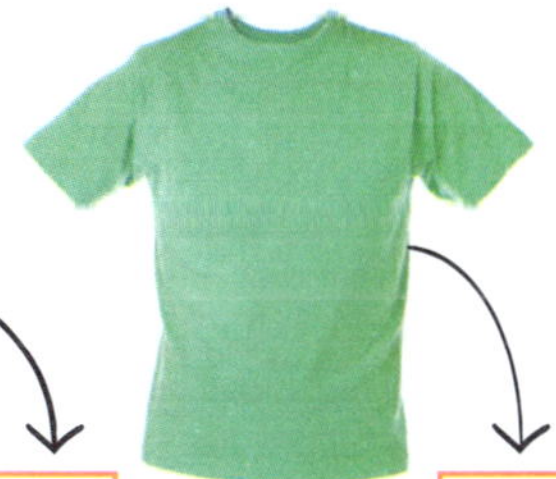
Gemenacom/ Shutterstock

Rusian Kudrin/Shutterstock

Tarog/Shutterstock

Rusian Kudrin/ Shutterstock

ConstantinosZ/Shutterstock

Serkucher/Shutterstock

DenisProduction.com/ Shutterstock

Vitalli Tiagunov/Shutterstock

Alexander Kalina/Shutterstock

REPASO 7 LOS JUGUETES

1 ENCUENTRA EL CAMINO CORRECTO A LA LLEGADA PASANDO DE UN REGALO A OTRO.

Ilustra Cartoon/Arquivo da editora

2 RELACIONA LAS PALABRAS QUE ESTÁN EN LOS RECUADROS DE MISMO COLOR Y FORMA FRASES.

ME	TODOS	VIDEOJUEGO	A
EL	GUSTA	A	PREFERIDO
LOS	ES	DÍAS	ENCANTA
ME	JUGAR	JUGUETE	LA
TROMPO	LA	AL	COMETA
JUGAR	MI	PELOTA	JUEGO

A) ....

B) ....

C) ....

D) ....

3 OBSERVA LA IMAGEN Y RESPONDE A LA PREGUNTA.

Sergey Novikov/Shutterstock

- ¿CUÁL ES EL NOMBRE DEL JUGUETE A QUE LOS NIÑOS JUEGAN?

....

REPASO 8 LOS ANIMALES

1 OBSERVA LA ESCENA **A**. DESPUÉS, BUSCA Y MARCA EN LA ESCENA **B** LAS CINCO DIFERENCIAS.

Ilustra Cartoon/Arquivo da editora

- AHORA, ESCRIBE EL NOMBRE DE LOS ANIMALES QUE HAY EN LA ESCENA **A**.

....

....

....

2 BUSCA LAS PALABRAS DEL RECUADRO EN LA SOPA DE LETRAS.

JIRAFA LEÓN MONO CEBRA TIGRE RINOCERONTE

J	I	R	A	F	A	P	L	I	K	L	M
U	T	Y	F	R	Ñ	J	E	L	M	X	T
A	S	Q	E	W	Y	T	Ó	K	H	M	I
Ñ	U	Y	T	I	U	Y	N	P	C	O	G
G	R	T	W	Q	S	A	X	Z	E	O	R
Z	M	O	N	O	R	W	Q	L	B	U	E
P	U	I	N	J	K	Y	Ñ	P	R	F	G
E	R	A	S	Z	X	C	V	Q	A	U	P
L	Ñ	R	T	E	T	Y	Q	A	S	H	P
R	I	N	O	C	E	R	O	N	T	E	L

- AHORA, DIBUJA LOS ANIMALES QUE ENCONTRASTE.

GLOSARIO

A

ABUELO(A): AVÔ, AVÓ

Noam Armonn/Shutterstock

¡ADIÓS!: ADEUS!, TCHAU!

AHORA: AGORA

ALUMNO(A): ALUNO(A)

AMARILLO: AMARELO

ASTUTO(A): ESPERTO(A)

B

BAÑADOR: MAIÔ

BERMUDAS: BERMUDA

Evikka/Shutterstock

BICI: BICICLETA

s_oleg/Shutterstock

BOLÍGRAFO: CANETA ESFEROGRÁFICA

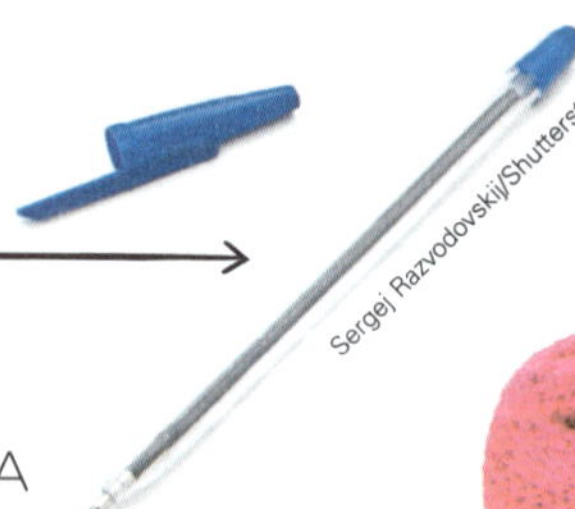

Sergej Razvodovskij/Shutterstock

BROMISTA: BRINCALHÃO, BRINCALHONA

¡BUENAS NOCHES!: BOA NOITE!

¡BUENAS TARDES!: BOA TARDE!

¡BUENOS DÍAS!: BOM DIA!

BUFANDA: CACHECOL

Africa Studio/Shutterstock

C

CAMIÓN: CAMINHÃO

CANICAS: BOLAS DE GUDE

Kues/Shutterstock

CAZADORA: JAQUETA

CEBRA: ZEBRA

Stu Porter/Shutterstock

CINE: CINEMA

COCHE: CARRO

COLOR: COR

COMETA: PIPA

OlegDoroshin/Shutterstock

COMPARTIR: DIVIDIR, COMPARTILHAR

CONTENTO(A): ALEGRE

CORAZÓN: CORAÇÃO

D

DIBUJO: DESENHO

E

ESCUELA: ESCOLA

Pressmaster/Shutterstock

ESTO: ISTO

GLOSARIO

F

FALDA: SAIA

G

GOMA: BORRACHA

GORRA: BONÉ

GRACIOSO(A): ENGRAÇADO(A)

GRIS: CINZA

GUANTES: LUVAS

Andrey Armyagov/Shutterstock

H

¡HASTA LUEGO!: ATÉ LOGO!

HERMANO(A): IRMÃO, IRMÃ

HOJA: FOLHA

Africa Studio/Shutterstock

¡HOLA!: OI!, OLÁ!

I

INDIECITO(A): INDIOZINHO, INDIAZINHA

INVIERNO: INVERNO

J

JIRAFA: GIRAFA

JUGUETES: BRINQUEDOS

monticello/Shutterstock

L

LÁPIZ: LÁPIS
LEÓN: LEÃO
LEONA: LEOA
LIBRO: LIVRO
LLENAN (VERBO LLENAR): ENCHEM (VERBO **ENCHER**), PREENCHEM (VERBO **PREENCHER**)

M

MADRE: MÃE
MAESTRO(A): PROFESSOR(A)
MAMÁ: MAMÃE
MARIPOSA: BORBOLETA

davemhuntphotography/Shutterstock

MARRÓN: MARROM
MASCOTA: ANIMAL DE ESTIMAÇÃO

AnetaPics/Shutterstock

¡MIRA!: OLHA!
MONO: MACACO

Mertens Photography/Shutterstock

MUÑECA: BONECA

N

NARANJA: LARANJA (FRUTA E COR)
NEGRO: PRETO
NIÑO(A): MENINO(A)

GLOSARIO

O

OSO PANDA: URSO PANDA

Hung Chung Chih/Shutterstock

OTOÑO: OUTONO

P

PADRE: PAI

PÁJARO: PÁSSARO

PANTALÓN: CALÇA

PAPÁ: PAPAI

PATINES: PATINS

Vereshchagin Dmitry/Shutterstock

PELOTA: BOLA

PERRO: CACHORRO

Peter Kirillov/Shutterstock

PIZARRA: LOUSA

PLAYA: PRAIA

Eric Gevaert/Shutterstock

POMPOSO(A): CHARMOSO(A)
PUPITRE: CARTEIRA DE SALA DE AULA

R

ROJO: VERMELHO

S

SACAPUNTAS: APONTADOR
SALGO (VERBO SALIR): SAIO (VERBO **SAIR**)
SALUDOS: CUMPRIMENTOS

Edhar/Shutterstock

SOY (VERBO SER): SOU (VERBO **SER**)

T

TAREA: TAREFA
TENGO (VERBO TENER): TENHO (VERBO **TER**)
TIENDA: LOJA
TIJERA: TESOURA

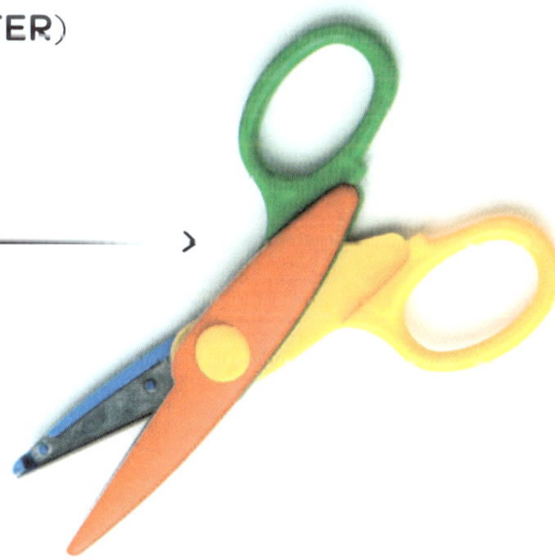
Pamela Uyttendaele/Shutterstock

TIZA: GIZ DE LOUSA
TREN: TREM
TROMPO: PIÃO

U

UN(O), UNA: UM, UMA

V

VALIENTE: CORAJOSO(A)

VEO (VERBO VER): VEJO (VERBO **VER**)

VERANO: VERÃO

VESTIDO: VESTIDO

Ruslan Kudrin/Shutterstock

VIDEOJUEGO: *VIDEOGAME*

Y

Y: E

YO: EU

YOYO: IOIÔ

Morten Bak/Shutterstock

Z

ZAPATILLAS: TÊNIS

Morten Bak/Shutterstock

ZAPATOS: SAPATOS

SUGERENCIAS PARA EL ALUMNO

LIBROS

Reprodução/Editora Edelvives

MI TESTARUDA BICICLETA, DE MARIASUN LANDA. SÃO PAULO: EDELVIVES.

KLETA É UMA BICICLETA VERMELHA QUE ADORA ANDAR PELAS RUAS COM SEU PROPRIETÁRIO, UM FUNCIONÁRIO MUNICIPAL. SEU SONHO É VISITAR UM ZOOLÓGICO. SERÁ QUE UM DIA VAI CONSEGUIR REALIZÁ-LO?

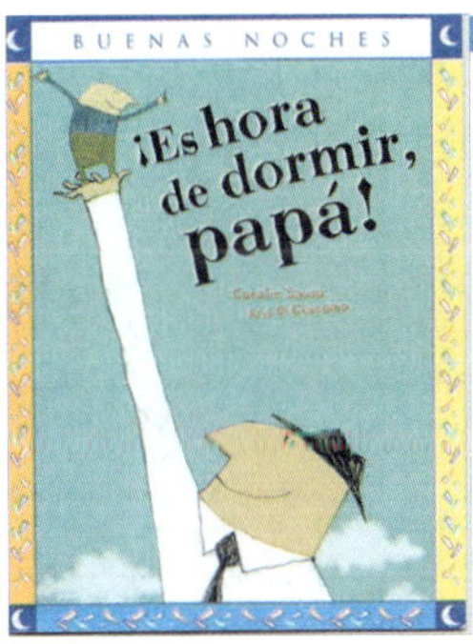

Reprodução/Grupo Editorial Norma

¡ES HORA DE DORMIR, PAPÁ!, DE CORALIE SAUDO. BUENOS AIRES: GRUPO EDITORIAL NORMA.

UMA DIVERTIDA HISTÓRIA QUE CONTA A RELAÇÃO DE PAI E FILHO NA ETERNA DISCUSSÃO DO "AGORA, JÁ PRA CAMA!", MAS COM OS PAPÉIS INVERTIDOS.

ENLACES

Reprodução/<https://www.youtube.com/watch?v=J8wmVYKYtz4>

EL ÁRBOL DEL ESPAÑOL — EL ABC (RIMA INFANTIL)
DISPONÍVEL EM: <https://youtube.com/watch?v=J8wmVYKYtz4>. ACESSO EM: 9 OUT. 2019.

AQUI VOCÊ ENCONTRA UMA ALEGRE CANÇÃO QUE APRESENTA AS LETRAS DO ALFABETO EM ESPANHOL.

Reprodução/<https://www.youtube.com/watch?v=Ybr7c8YnagQ>

TOY STORY TOONS
DISPONÍVEL EM: <https://youtube.com/watch?v=Ybr7c8YnagQ>. ACESSO EM: 9 OUT. 2019.

NESTA ANIMAÇÃO, VOCÊ VAI SE DIVERTIR COM AS AVENTURAS DOS PERSONAGENS DE BRINQUEDO!

BIBLIOGRAFÍA

ALONSO, E. *¿CÓMO SER PROFESOR/A Y QUERER SEGUIR SIÉNDOLO?* MADRID: EDELSA, 1997.

BELLO, P. ET AL. *DIDÁCTICA DE LAS SEGUNDAS LENGUAS*. MADRID: SANTILLANA, 1996.

BENVENISTE, E. *PROBLEMAS DE LINGÜÍSTICA GENERAL*. CIUDAD DE MÉXICO: SIGLO XXI, 1971.

COSTA, D. N. M. DA. *POR QUE ENSINAR LÍNGUA ESTRANGEIRA NA ESCOLA DE 1º GRAU*. SÃO PAULO: EPU/EDUC, 1987.

DI TULLIO, A. *MANUAL DE GRAMÁTICA DEL ESPAÑOL*. BUENOS AIRES: WALDHUTER EDITORES, 2010.

JOHNSON, K. *APRENDER Y ENSEÑAR LENGUAS EXTRANJERAS*: UNA INTRODUCCIÓN. TRAD. BEATRIZ ÁLVAREZ KLEIN. CIUDAD DE MÉXICO: FONDO DE CULTURA ECONÓMICA (FCE), 2008.

MARTÍNEZ, A. LA VARIACIÓN LINGÜÍSTICA COMO HERRAMIENTA PARA LA ENSEÑANZA DE LA LENGUA ESTÁNDAR. IN: ______ (COORD.). *EL ENTRAMADO DE LOS LENGUAJES*. BUENOS AIRES: LA CRUJÍA, 2009.

NOTAS

CUADERNO DE CREATIVIDAD Y ALEGRÍA

¡Y AHORA A JUGAR!

LECCIÓN 1 - MI FAMILIA

1 JUEGA AL AHORCADO.

Ilustra Cartoon/Arquivo da editora

ABUELO MADRE HERMANA PADRE HERMANO
PRIMO TÍO PERRO PRIMA TÍA

2 ¿CONOCES A ESTA DIVERTIDA FAMILIA? PÍNTALA.

Everett Collection/Keystone

TE PRESENTAMOS LA FAMILIA PICAPIEDRA: MAMÁ VILMA, PAPÁ PEDRO, HIJA PEBBLES Y DINO, LA MASCOTA DE LA FAMILIA.

LECCIÓN 2 - LA ESCUELA

1 PINTA LOS ESPACIOS QUE TIENEN BOLITAS Y DESCUBRE LOS ÚTILES ESCOLARES.

Ilustrações: Ilustra Cartoon/Arquivo da editora

2 ¿VAMOS A APRENDER EL JUEGO DEL **VEO, VEO**?

MAESTRO(A): VEO, VEO.

ALUMNOS: ¿QUÉ VES?

MAESTRO(A): UNA COSITA.

ALUMNOS: ¿DE QUÉ COLOR?

MAESTRO(A): AZUL.

ALUMNO 1: ¿UN LÁPIZ?

MAESTRO(A): NO.

ALUMNO 2: ¿UN SACAPUNTAS?

MAESTRO(A): SÍ, ES UN SACAPUNTAS.

3 DIBUJA Y PINTA LOS ÚTILES ESCOLARES COMO SE PIDE.

A) UNA GOMA AMARILLA.

C) UN BOLÍGRAFO AZUL.

B) DOS SACAPUNTAS ROJOS.

D) TRES LIBROS NARANJA.

LECCIÓN 3 - EL ALFABETO ESPAÑOL

1 SIGUE EL ORDEN DEL ALFABETO Y DESCUBRE UN ANIMAL.

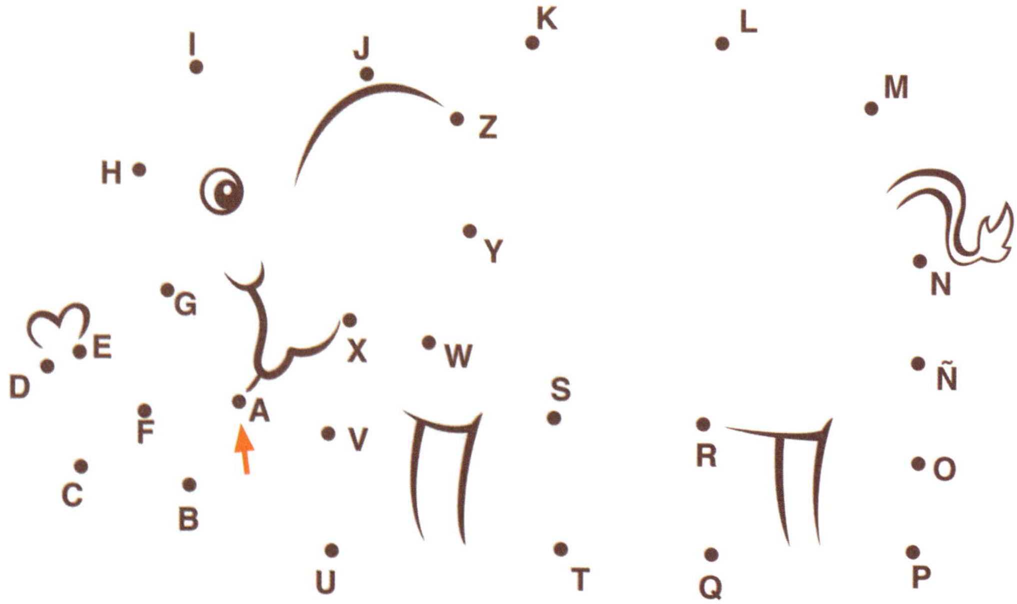

Ilustra Cartoon/Arquivo da editora

- ¿QUÉ ANIMAL DESCUBRISTE? ....

2 ¡VAMOS A JUGAR AL BINGO DE PALABRAS!

BINGO

BANCO DE PALABRAS				
AZUL	AMIGOS	FLOR	MOCHILA	COMETA
MAESTRA	ESCUELA	ÁRBOL	CUADERNO	MARIPOSA
VERDE	SOL	LETRAS	ALFABETO	LÁPIZ

3 ENCUENTRA LAS DIEZ PALABRAS DEL RECUADRO EN LA SOPA DE LETRAS. DESPUÉS, ESCRÍBELAS DEBAJO DE LAS IMÁGENES CORRESPONDIENTES.

PADRE	LIBRO	MAESTRA	NIÑO	MADRE
PERRO	FLORES	NIÑA	FAMILIA	CUADERNO

F	O	S	P	M	A	E	S	T	R	A	N	D	V	Z	U	Z
M	I	Q	P	L	H	B	C	V	A	A	N	I	Ñ	O	Q	F
I	P	W	E	S	Q	L	I	B	R	O	H	H	Y	Y	T	A
C	A	Y	R	J	N	R	T	E	W	Q	V	F	X	S	S	M
I	D	H	R	H	I	N	B	M	M	N	B	L	V	A	W	I
O	R	N	O	O	Ñ	H	A	C	A	I	J	O	J	M	O	L
T	E	D	J	L	A	W	N	G	D	O	U	R	N	O	U	I
Z	T	V	R	Y	Z	B	R	R	R	B	H	E	I	Y	T	A
C	U	A	D	E	R	N	O	P	E	A	X	S	N	I	A	B

Gelpi/Shutterstock

....

Suwiiiiiiii/Shutterstock

....

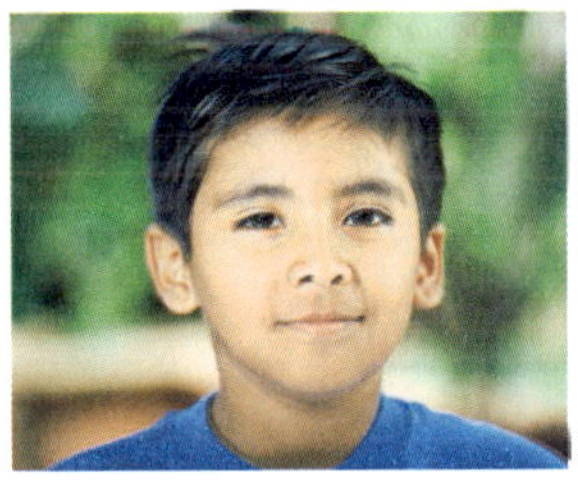
PixieMe/Shutterstock

....

Andresr/Shutterstock

....

Reprodução/Picarona Editorial

....

oceandream/Shutterstock

....

Syda Productions/Shutterstock

....

Andresr/Shutterstock

....

Hys_NP/Shutterstock

....

rSnapshotPhotos/Shutterstock

....

LECCIÓN 4 - LOS NÚMEROS

1 LEE ESTAS ADIVINANZAS Y DESCUBRE QUÉ NÚMERO ES.

CUÉNTATE LOS DEDOS DE UNA MANO O LOS DEDOS DE UNO DE LOS PIES Y DESCUBRIRÁS QUIÉN SOY YO.

....

CONMIGO PUEDES CONTAR LOS COLORES DEL ARCO IRIS. ¿QUIÉN SOY YO?

....

SI DOBLAS LA PIERNA IZQUIERDA YA SABES QUIÉN SOY YO.

....

ME PAREZCO A UN PATO NADANDO EN LA LAGUNA... ¿QUIÉN SOY YO?

....

LLEGO DESPUÉS DEL SEIS Y ME VOY ANTES DEL OCHO. ¿QUIÉN SOY YO?

....

2 LEE LA LETRA DE LA CANCIÓN.

LA GALLINA DEL VECINO

LA GALLINA DEL VECINO
PONE HUEVOS AMARILLITOS
PONE UNO
PONE DOS
PONE TRES
¿CUÁNTOS PONE?
PONE CUATRO

PONE CINCO
PONE SEIS
¿CUÁNTOS PONE?
PONE SIETE
PONE OCHO
PONE NUEVE
PONE DIEZ

CANCIÓN DE LA CULTURA ORAL.

- ¿CUÁNTOS HUEVOS PONE LA GALLINA?

....

brgfx/Shutterstock

LECCIÓN 5 - LAS ESTACIONES DEL AÑO

1 OBSERVA LAS FIGURAS Y COMPLETA EL CRUCIGRAMA.

Ilustrações: Ilustra Cartoon/ Arquivo da editora

2 ¡LEE ESTA TIRA CÓMICA Y DIVIÉRTETE!

Liniers/Acervo do cartunista

MACANUDO #2, DE LINIERS. BUENOS AIRES: EDICIONES DE LA FLOR, 2005.

3 OBSERVA LAS ESCENAS **A** Y **B**. DESPUÉS, CIRCULA LAS CINCO DIFERENCIAS EN LA ESCENA **B**.

Ilustrações: Ilustra Cartoon/Arquivo da editora

LECCIÓN 6 - EL VESTUARIO

1 DIBUJA Y PINTA.

A) HOY ES EL CUMPLEAÑOS DE MARINA. PÍNTALE UN VESTIDO BONITO Y ZAPATILLAS COLORIDAS.

¡HOLA, AMIGUITOS! SOY MARINA, HOY ES MI CUMPLEAÑOS Y QUIERO ESTAR MUY BONITA.

B) RAFAEL ES UN NIÑO QUE VIVE EN EL SUR DE BRASIL. ¿QUÉ ROPA DEBE USAR EN INVIERNO?

¡HOLA, AMIGUITOS! AQUÍ EN RÍO GRANDE DEL SUR HACE MUCHO FRÍO EN INVIERNO.

2 ¡CADA ROPA EN SU LUGAR! ENCUENTRA EL CAMINO CORRECTO DE CADA ROPA Y DESPUÉS ESCRIBE EL NOMBRE DE LA PIEZA.

Ilustra Cartoon/Arquivo da editora; Bon Illustrateur/Shutterstock

LECCIÓN 7 - LOS JUGUETES

1 OBSERVA LA ESCENA Y CIRCULA LOS JUGUETES.

- SEIS CANICAS AZULES
- DOS MUÑECAS DE VESTIDO ROJO
- CUATRO PELOTAS COLORIDAS
- TRES BICIS AMARILLAS

Ilustra Cartoon/Arquivo da editora

2 BUSCA LAS PALABRAS DEL RECUADRO EN LA SOPA DE LETRAS.

PELOTA
COCHE
TREN
TROMPO
MUÑECA
BICI
COMETA
AMIGOS
COMPARTIR
GUARDAR

R	Q	G	U	A	R	D	A	R	T	G	Y	H	J
T	X	S	A	D	F	Q	N	J	K	P	T	R	J
P	W	H	P	C	O	C	H	E	G	T	A	A	B
E	S	T	T	T	Y	Z	X	B	H	I	M	M	I
L	D	R	L	T	R	O	M	P	O	O	I	J	C
O	F	E	E	N	N	Ñ	U	Y	W	P	G	B	I
T	B	N	P	M	U	Ñ	E	C	A	A	O	O	I
A	A	B	N	H	J	B	T	S	M	R	S	L	Y
K	I	G	C	O	M	E	T	A	P	Y	B	V	Q
Z	W	U	X	R	T	W	Q	U	H	K	N	V	W
U	P	C	O	M	P	A	R	T	I	R	L	B	Ñ

3 ¿QUÉ FALTA EN EL JUEGO DE RAMÓN Y RAÚL? ¡VAMOS A DIBUJAR!

Ilustrações: Ilustra Cartoon/Arquivo da editora

FALTAN ....

4 CUANDO TERMINAMOS DE JUGAR, TODOS LOS JUGUETES DEBEMOS GUARDAR. DIBUJA CUATRO JUGUETES QUE TE GUSTAN MÁS.

- AHORA ESCRIBE EL NOMBRE DE LOS JUGUETES QUE HAS DIBUJADO.

....

....

....

LECCIÓN 8 - LOS ANIMALES

1 PEGA LOS ADHESIVOS QUE ESTÁN AL FINAL DE ESTE CUADERNO PARA COMPLETAR LA ESCENA.

Ilustra Cartoon/Arquivo da editora

2 HAY ALGUNOS ANIMALES ESCONDIDOS EN EL BOSQUE. ¿DÓNDE ESTÁN? ¿PUEDES VERLOS? ¿CUÁNTOS SON?

Ilustra Cartoon/Arquivo da editora

SON .... ANIMALES.

LETRAS DEL ALFABETO ESPAÑOL

PÁGINA 32

A	A	A	A	A	B	B	B	B
C	C	C	C	D	D	D	D	E
E	E	E	E	F	F	F	F	G
G	G	G	H	H	H	H	I	I
I	J	J	K	K	L	L	M	M
M	M	N	N	Ñ	Ñ	O	O	O
O	O	P	P	P	P	Q	Q	Q
Q	R	R	R	R	S	S	S	S
T	T	T	T	U	U	U	U	U
V	V	V	V	W	W	W	X	X
X	Y	Y	Y	Y	Z	Z	Z	Z

MARCHA CRIANÇA

2º ANO ENSINO FUNDAMENTAL

LÍNGUA ESPANHOLA

JUEGO DE MEMORIA

editora scipione

NOMBRE: ....

AÑO: ....

COLE A

COLE B

DOBRE

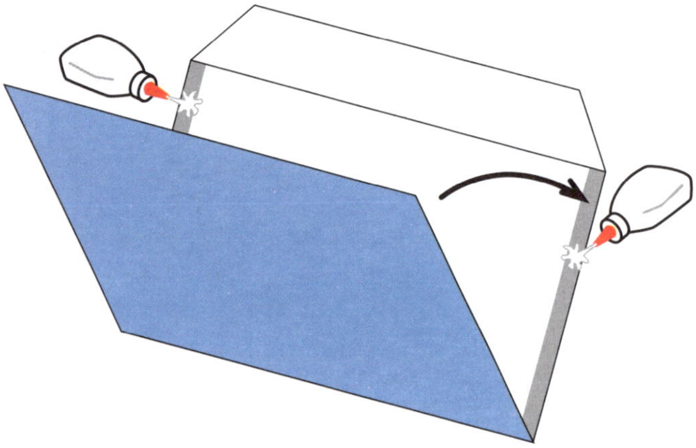

DOBRE

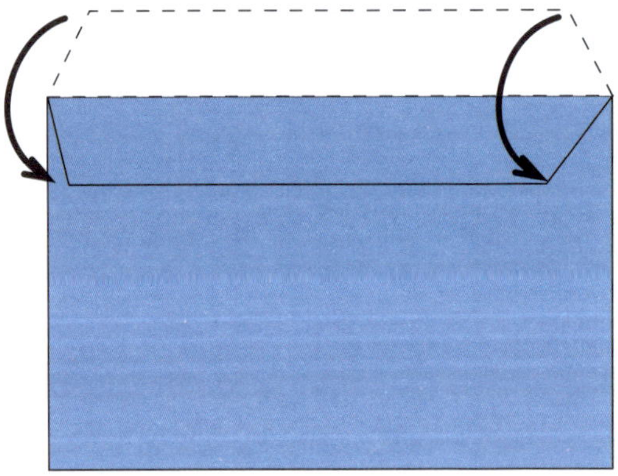

COLE A

COLE B

JUEGO DE MEMORIA

LEÓN

PIZARRA

PERRO

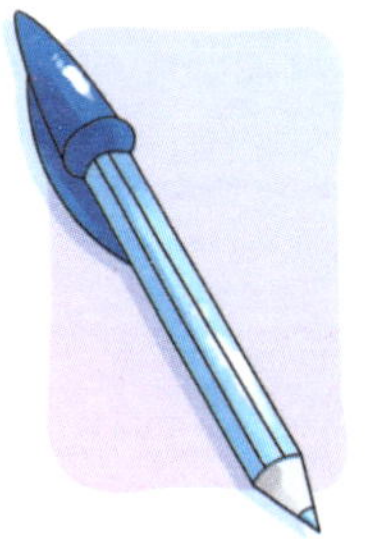
BOLÍGRAFO

Ilustrações: Ilustra Cartoon/Arquivo da editora

TIGRE

MUÑECA

TROMPO

CEBRA

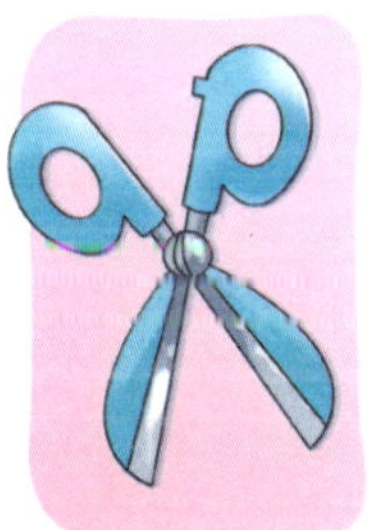
TIJERA

PUPITRE

MUSCULOSA

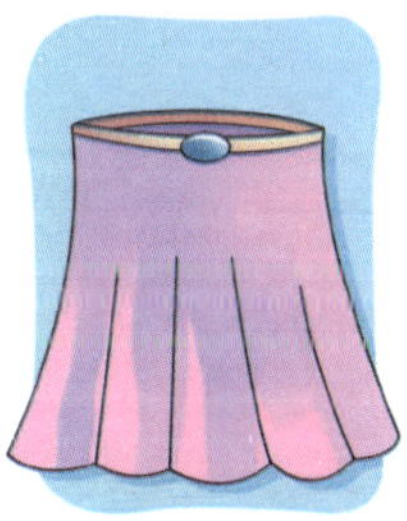
FALDA

PELOTA

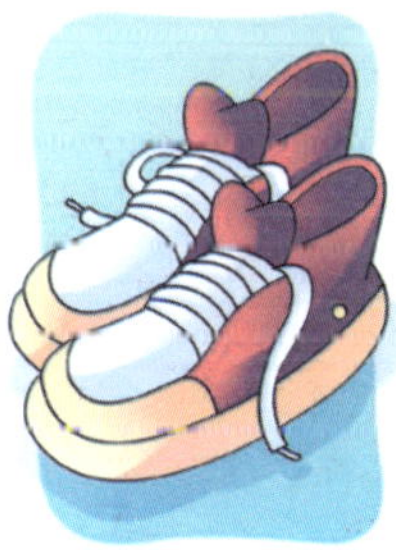
ZAPATILLAS

MONO

OSO PANDA

LEÓN

PIZARRA

PERRO

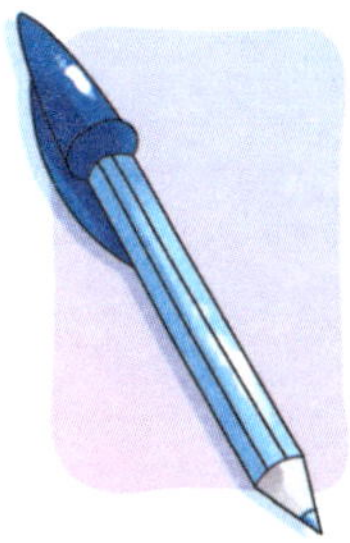
BOLÍGRAFO

Ilustrações: Ilustra Cartoon/Arquivo da editora

TIGRE

MUÑECA

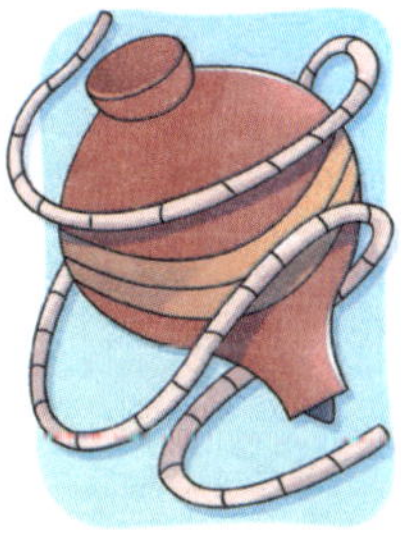
TROMPO

CEBRA

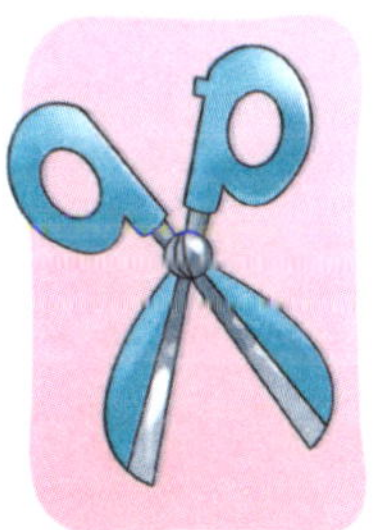
TIJERA

PUPITRE

MUSCULOSA

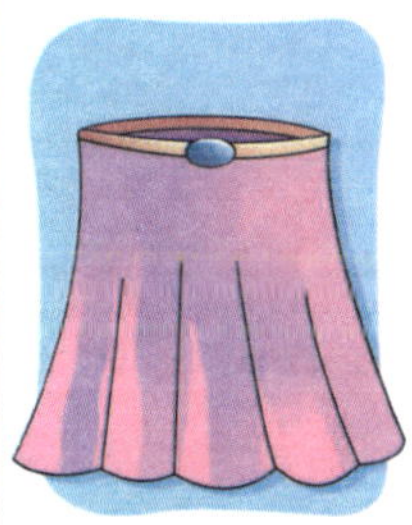
FALDA

PELOTA

ZAPATILLAS

MONO

OSO PANDA

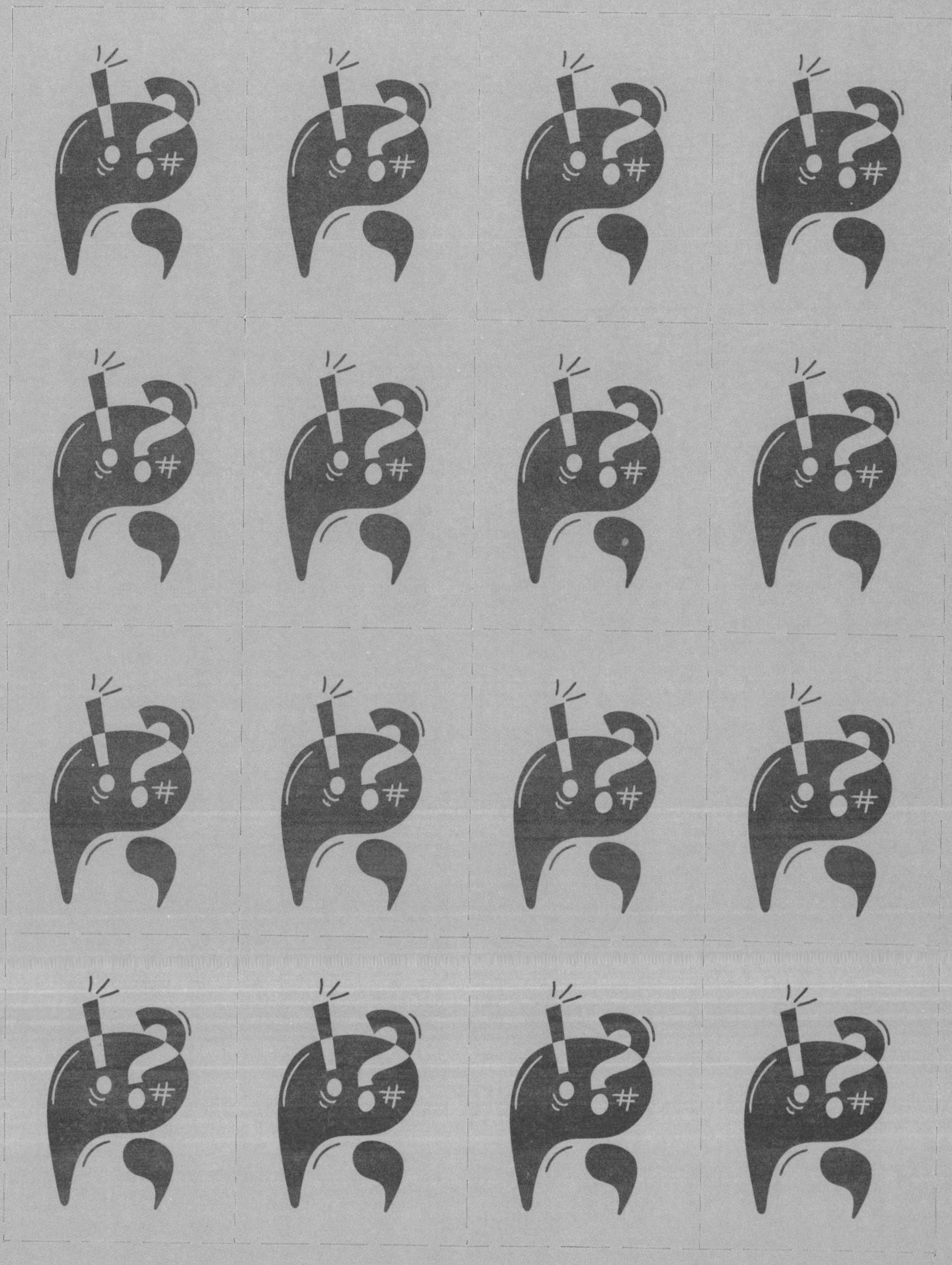

ADHESIVOS

LECCIÓN 1 - MI FAMILIA

- PÁGINA 14

LECCIÓN 2 - LA ESCUELA

- PÁGINA 22

LECCIÓN 4 - LOS NÚMEROS

- PÁGINA 41

Ilustra Cartoon/Arquivo da editora

Ilustra Cartoon/Arquivo da editora

Ilustra Cartoon/Arquivo da editora

Ilustra Cartoon/Arquivo da editora

LECCIÓN 5 – LAS ESTACIONES DEL AÑO

- PÁGINA 55

Tanachot Srijam/Shutterstock

Leoks/Shutterstock

Maradon333/Shutterstock

GorillaImages/Shutterstock

LECCIÓN 6 – EL VESTUARIO

- PÁGINA 65

LECCIÓN 7 – LOS JUGUETES

- PÁGINA 75

LECCIÓN 8 – LOS ANIMALES

- PÁGINA 128

MARCHA CRIANÇA

2º ANO

CAPERUCITA ROJA

CUENTO DE JACOB Y WILHELM GRIMM
ADAPTADO POR AMANDA VALENTIN
ILUSTRADO POR FABIANA SALOMÃO

ALUNO: ....

ESCOLA: .... TURMA: ....

editora scipione

ÉRASE UNA VEZ UNA ADORABLE NIÑA QUE ERA MUY QUERIDA, SOBRE TODO POR SU ABUELITA.

UNA VEZ SU ABUELA LE REGALÓ UNA PEQUEÑA CAPERUZA DE UN COLOR ROJO, QUE LE QUEDABA TAN BIEN QUE ELLA NUNCA QUERÍA USAR OTRA COSA, ASÍ QUE LA EMPEZARON A LLAMAR CAPERUCITA ROJA.

UN DÍA SU MADRE HIZO UNOS PASTELES PARA LA ABUELA PORQUE ESTA ESTABA ENFERMA Y LE PIDIÓ A CAPERUCITA QUE LLEVASE UNA CANASTA CON LA COMIDA A LA CASA DE LA ABUELITA.

—MIRA, CAPERUCITA ROJA, AQUÍ TIENES PASTELES PARA LLEVAR A LA ABUELA, PUES ESTÁ ENFERMA Y DÉBIL, Y ESTO LA REANIMARÁ. ANDA CON CUIDADO Y NO TE APARTES DEL CAMINO.

—NO TE PREOCUPES, MAMÁ, HARÉ BIEN TODO —DIJO TOMANDO LA CANASTA Y DESPIDIÉNDOSE CARIÑOSAMENTE.

CUANDO CAPERUCITA ROJA LLEGÓ AL BOSQUE, CAMINANDO SIEMPRE POR EL SENDERO, SE ENCONTRÓ CON UN LOBO. LA NIÑA NO SABÍA QUE SE TRATABA DE UNA FIERA, POR ESO NO SE ASUSTÓ.

—¡BUENOS DÍAS, CAPERUCITA ROJA! —LE DIJO EL LOBO.

—¡BUENOS DÍAS, LOBO!

—¿ADÓNDE VAS TAN TEMPRANO? —DIJO EL LOBO.

—A VER A MI ABUELITA.

—¿DÓNDE VIVE TU ABUELA?

—CERCA DE MEDIO KILÓMETRO ADENTRO DEL BOSQUE. SEGURAMENTE YA HABRÁS VISTO LA CASA DE MI ABUELITA — CONTESTÓ INOCENTEMENTE CAPERUCITA ROJA.

EL LOBO MUY PRONTO PENSÓ: "¡QUÉ SUERTE! LA NIÑA Y LA ABUELA SERÁN UN BUEN BOCADILLO.". ASÍ EL LOBO DIJO A CAPERUCITA ROJA:

—¡QUÉ LINDAS FLORES SE VEN POR ALLÁ! ¿POR QUÉ NO VAS Y RECOGES ALGUNAS? Y YO CREO TAMBIÉN QUE NO TE HAS DADO CUENTA DE LO DULCE QUE CANTAN LOS PAJARITOS.

CAPERUCITA ROJA, AL VER COMO LOS RAYOS DEL SOL BRILLABAN A TRAVÉS DE LOS ÁRBOLES Y CUANTAS FLORES HABÍA EN LA FLORESTA, PENSÓ: "SI LLEVO A LA ABUELA UN RAMO DE FLORES FRESCAS SE ALEGRARÁ. Y COMO ES TAN TEMPRANO LLEGARÉ A TIEMPO.".

Y APARTÁNDOSE DEL CAMINO SE ADENTRÓ EN EL BOSQUE EN BUSCA DE FLORES.

MIENTRAS CAPERUCITA BUSCABA CADA VEZ MÁS FLORES EN EL BOSQUE, EL LOBO SE MARCHÓ DIRECTAMENTE A LA CASA DE LA ABUELA Y GOLPEÓ LA PUERTA.

—¿QUIÉN ES?

—SOY CAPERUCITA ROJA.

—¡LA PUERTA ESTÁ ABIERTA! —GRITÓ LA ABUELA. —ESTOY MUY DÉBIL Y NO PUEDO LEVANTARME.

EL MALVADO LOBO ABRIÓ LA PUERTA DE PAR EN PAR Y, SIN PRONUNCIAR UNA SOLA PALABRA, FUE A LA CAMA DONDE ESTABA LA ABUELA Y SE LA TRAGÓ. EN SEGUIDA SE PUSO LAS ROPAS DE LA ABUELA Y SE METIÓ EN LA CAMA, ESPERANDO LA POBRE CAPERUCITA LLEGAR DE LA FLORESTA.

CAPERUCITA ROJA BUSCÓ TANTAS FLORES QUE YA NO PODÍA LLEVAR NI UNA MÁS; ENTONCES SE ENCAMINÓ A LA CASA DE SU ABUELA. AL LLEGAR A LA CASA, SE ASOMBRÓ AL ENCONTRAR LA PUERTA ABIERTA Y, AL ENTRAR EN EL CUARTO, TODO LE PARECIÓ EXTRAÑO.

—¡BUENOS DÍAS, ABUELA!

PERO NO OBTUVO RESPUESTA. ENTONCES SE ACERCÓ A LA CAMA Y NOTÓ QUE LA ABUELA TENÍA UN ASPECTO EXTRAÑO.

—ABUELITA, ¡QUÉ OREJAS GRANDES TIENES!

—PARA OÍRTE MEJOR, MI NIETITA.

—¡QUÉ OJOS GRANDES TIENES!

—PARA PODER VERTE MEJOR.

—¡Y QUÉ BOCA GRANDE TIENES!

—PARA COMERTE MEJOR.

MAL HABÍA TERMINADO DE DECIR ESTO, EL LOBO SALTÓ DE LA CAMA Y DEVORÓ A LA POBRE CAPERUCITA ROJA.

CUANDO EL LOBO SACIÓ SU APETITO, SE METIÓ DE NUEVO EN LA CAMA Y DURMIÓ.

UN CAZADOR, AL PASAR POR DELANTE DE LA CASA, PENSÓ: "¡CÓMO RONCA LA ABUELA! DEBO ENTRAR A MIRAR PARA ASEGURARME QUE ELLA ESTÁ BIEN.". ENTONCES, ENTRÓ EN LA CASA Y, AL ACERCARSE A LA CAMA, VIO EL LOBO.

DE PRONTO SE LE OCURRIÓ QUE EL LOBO PODÍA HABERSE COMIDO A LA ABUELA Y QUE TODAVÍA PODRÍA SALVARLA. ASÍ QUE RESOLVIÓ ABRIR LA BARRIGA DEL LOBO. AL CORTARLA, VIO RELUCIR LA ROJA CAPERUZA; DIO OTROS CORTES MÁS Y SALTÓ LA NIÑA DICIENDO:

—¡QUÉ OSCURO ESTABA EN EL VIENTRE DEL LOBO!

EN SEGUIDA SALIÓ LA ABUELA. CAPERUCITA ROJA TRAJO INMEDIATAMENTE PIEDRAS Y LLENÓ LA BARRIGA DEL LOBO CON ELLAS. Y CUANDO EL LOBO DESPERTÓ, QUISO DAR UN SALTO Y SALIR CORRIENDO, PERO EL PESO DE LAS PIEDRAS LE HIZO CAER Y SE ESTRELLÓ CONTRA EL SUELO.

LOS TRES ESTABAN CONTENTOS. EL CAZADOR VOLVIÓ FELIZ A SU CASA POR SALVAR A LA NIÑA Y A LA ABUELA DEL LOBO. LA ABUELA SE COMIÓ LOS PASTELES QUE CAPERUCITA ROJA HABÍA TRAÍDO Y LA NIETITA PENSÓ: "NUNCA MÁS ME APARTARÉ DEL CAMINO Y ADENTRARÉ EN EL BOSQUE.".